U0495592

中原名师出版工程
ZHONGYUAN MINGSHI CHUBAN GONGCHENG
教育思想与实践系列

名师成长的密码

李付晓等 著

中原出版传媒集团
中原传媒股份公司

大象出版社
·郑州·

图书在版编目(CIP)数据

名师成长的密码 / 李付晓等著. — 郑州：大象出版社, 2022. 1 (2022. 4重印)
中原名师出版工程
ISBN 978-7-5711-1240-0

Ⅰ. ①名… Ⅱ. ①李… Ⅲ. ①师资培养–研究 Ⅳ. ①G451. 2

中国版本图书馆 CIP 数据核字(2021)第 231989 号

名师成长的密码
MINGSHI CHENGZHANG DE MIMA

李付晓等　著

出 版 人	汪林中
责任编辑	刘丹博　陈　洁
责任校对	张迎娟　毛　路
特邀设计	刘　民
美术编辑	杜晓燕

出版发行	大象出版社(郑州市郑东新区祥盛街27号　邮政编码450016)
	发行科　0371-63863551　总编室　0371-65597936
网　　址	www.daxiang.cn
印　　刷	河南瑞之光印刷股份有限公司
经　　销	各地新华书店经销
开　　本	720 mm×1020 mm　1/16
印　　张	14
字　　数	217 千字
版　　次	2022 年 1 月第 1 版　2022 年 4 月第 2 次印刷
定　　价	42.00 元

若发现印、装质量问题，影响阅读，请与承印厂联系调换。
印厂地址　武陟县产业集聚区东区(詹店镇)泰安路与昌平路交叉口
邮政编码 454950　　　电话　0371-63956290

编委会

"中原名师出版工程"编委会

总策划　丁武营

主　编　戢　明

副主编　吴玉华　杨进伟

总 序

对于一个优秀教师来说，将自己对教育教学的思考在写作中表达出来，是非常自然的一件事。正如玛格丽特·杜拉斯在《写作》中说的："写作像风一样吹过来，赤裸裸的，它是墨水，是笔头的东西，它和生活中的其他东西不一样，仅此而已，除了生活以外。"杜拉斯把自己的写作区别于日常生活中具体的事物，将其看作生活本身。我十分认同这样的说法。从许多优秀教师的成长经历来看，教育写作就是教育生活本身。当我们学会了把教育生活中的各种场景纳入自己的视野，融入自己的思考，通过写作诚实地记录下来，我们就找到了一条属于自己的专业发展之路。

正是看到了教育写作在教师专业发展中的重要意义，河南省教育厅与中原名师培育工程项目办公室启动了"中原名师教育写作出版计划"。河南是我国的教育大省，有一大批非常优秀的教师逐渐崭露头角，而"中原名师"是其中的佼佼者，他们在各自的学校和不同的教育教学领域取得了一定的成绩，及时总结、提炼、展示、推广他们的研究成果非常必要。我和张文质老师被聘请为"中原名师教育写作出版计划"的首席写作导师，肩负指导"中原名师"写作、出版教育教学专著的重任。这可能也是目前国内唯一旨在帮助优秀教师实现教育教学专著出版的省级培训项目，开辟了教师培训内容与形式的崭新领域，具有开创性意义。经过近两年的艰苦努力，目前这项计划终于迎来了阶段性成果：一批"中原名师"的教育教学专著即将正式出版。从书稿情况来看，选题、内容可谓多样：既有学科教学方面的，也有班级管理方面的；既有比较严谨的学术论著，也有可读性较强的教育教学随笔；既有义务教育阶段的，也有幼儿、高中阶段的。

捧读这些沉甸甸的书稿，我心中充满感慨。

我想到了每一位作者的面庞，看到了那些闪亮的眼神。大家都非常清楚，对于一个渴望成长、追求专业发展的教师来说，教育写作是自我提高的一条基本路径。教育写作能清晰地记录一个教师专业成长的轨迹。教师可以在写作的过程中不断审视、反思自我，不断积累、总结，无论是初尝成功的经验，还是尝试摸索中的所谓教训，都是十分宝贵的财富。苏霍姆林斯基曾鼓励教师每天都写教育日记（也就是我们常说的"教育叙事"），认为这样的写作具有重大价值："凡是引起你的注意的，甚至引起你一些模糊的猜想的每一个事实，你都把它记入记事簿里。积累事实，善于从具体事物中看出共性的东西——这是一种智力基础，有了这个基础，就必然会有那么一个时刻，你会顿然醒悟，那长久躲闪着你的真理的实质，会突然在你面前打开。"这些"中原名师"正是通过写作将自己日常教育教学的点点滴滴慢慢积累起来的，而实施"中原名师教育写作出版计划"就是为了帮助他们打开真理之门。

我还想到了每本书稿选题的艰难，想到了那些为了确立书稿选题所经历的热烈讨论，既有面对面的沟通，也有无数次邮件、短信与电话往来。由于每一位作者所在的区域不同，所教学段、学科不同，研究基础、研究方向也各不一样，如何将那些最有价值的研究成果梳理、提炼出来，并形成相对集中的研究主题以专著的形式呈现，是我和张文质老师以及每一位作者需要面对的挑战。沟通、选择的过程非常重要，也非常辛苦。这主要是由各位作者在实践层面的经验、成果内容非常多样造成的：往往一个教师所提供的一本书稿，在内容上既有学科教学方面的，也有班级管理方面的，甚至还有其他学科领域的。这固然反映了一线教师工作繁杂多面的实际情况，但对于专著出版来说，主题不够突出无疑是大忌，也会遮蔽那些更有价值、更值得推广的内容。经过反复讨论，第一批"中原名师"首先确定了选题，开启了教育写作之路；而有些作者则更改了选题，另起炉灶，毅然开启了新的写作计划，这其中的勇气也让人深为佩服。

当然，我也想到了每一位作者所经历的艰苦的写作过程。由于绝大多数老师积累的文稿是基于实践经验，致使有些内容在学理上存在问题，论述、论据都不够严谨，容易引起歧义；也有些内容所呈现的研究过程与研究成果不够完整，材料繁杂、枝蔓较多，如何去芜存菁留下最有价值的东西，如何修改、完善那些不够成熟的地方，也是摆在每一位作者面前的挑战。值得指出的是，对文稿不断修改、完善的过程虽然艰苦，但其实是非常宝贵的研究经历——看似是教育写作的过程，其实又是学术研究的过程，写作本身成为思维与学术的双重训练，成为提炼教育教学理念、凸显教育教学风格的基本路径。正是经历了这样的写作和研究过程，他们最终创作出很有价值的作品。如果说在专著出版之前，这些老师的教育教学风格还不够鲜明，尚未在更大的范围内得到认可，那么我相信，专著的公开出版，将有力地促进他们教育教学成果以及个人教育教学风格的传播与推广，塑造"中原名师"更加美好、专业的形象，使之成为河南教师乃至全国教师的偶像。而这，也是河南省教育厅与中原名师培育工程项目办公室决定实施该项"中原名师教育写作出版计划"的重要目的之一。

对于各位作者而言，他们没有辜负岁月，岁月也没有辜负他们。

对于导师而言，能够参与这个项目，帮助各位作者，是充满欣慰的，甚至超过了自己出书时的喜悦。

感谢各位读者，如果您翻开这些书，您会看到有那么一些人，是如何执拗地表达着对岁月和信仰的敬意。

闫 学

序言

名师，是一个闪光的字眼。有人说：名师应该是"人师"与"经师"的良好结合，其标志在于人格完善、学识渊博、教艺精湛、业绩超群；也有人说：名师应该是师德的表率、育人的模范、教学的专家、科研的能手和终身学习者；还有人说：名师一定是个性突出者，他们往往对事业执着追求，对教育耕耘奉献，对方法积极探索，他们不是用力气教书，而是用智慧教学……究竟什么样的教师才称得上名师？名师又是怎样炼成的？答案可谓众说纷纭。作为研究者的我们，试图通过对一个个鲜活的名师成长案例进行研究，努力探求名师成长的途径和策略，为更多立志成为名师的教师提供参考和借鉴。

而这，要从中原名师群体的形成谈起——

为天地立人，为教育请命。自2013年启动中原名师培育工程以来，河南省教育厅始终以教育科研为抓手，通过周期性孵化、混合式培育、任务式驱动、阶段性认定等系统的创新动作，引领中原名师培育对象从浅层次的教育教学工作中解放出来，从经验、权威中解放出来，主动参与和积极投身于教育改革中，以研究者的心态置身于教育情境，以研究者的眼光审视已有的教育理论和教育实际问题，探索适应自己的教学内容、教学方法，形成自己行之有效的教育理念。这种基于教育科研的教师专业成长目标定位，有效促进了基础教育领域豫派实践型教育家群体的成长，为河南省教师队伍梯队攀升体系的建设起到了良好的助推作用，得到了社会各界的广泛关注和认可。

在接受记者采访的时候，中原名师考核评委林一钢教授说："真正的名师不是评出来或选出来的，而是结合理论与实践研修，在不断进行实践研究、应用研究的过程中，提升理论素养与实践能力达成的，越是喜欢研究的教师越有可能成为卓越的教师……"林教授的话引起了我们的深思：教育科研，究竟在名师的专业成长之路上起着什么样的作用？

为了了解名师的科研现状，我们采用网络匿名调查的形式，使用"问卷星"作为调查工具，对94位中原名师及省、市名师进行了问卷调查。在"您认为教育科研在名师成长中起到的作用是：非常重要、重要、不太重要、不重要"一项中，选择"非常重要"的占73.4%，选择"重要"的占25.53%，两项合计为98.93%，没有人选择"不重要"。在"您认为如何提升名师的教育科研力？（多选）"一项中，选择"研究课题"的占84.04%，选择"专家指导"的占81.91%，选择"阅读科研书籍"的占80.85%，选择"听讲座"的占55.32%。数据显示，"研究课题"排在第一位。由调查问卷可知，调查对象均认为教育科研在名师成长过程中起着重要的助推作用。从问卷数据和开放性的答案中还可以看出，名师参加中原名师培育工程之前所做的教育科研大多是自发的，层次不高；参加中原名师培育工程后，在项目组的引领和导师的具体指导下，他们充分认识到自己教育科研能力的欠缺，都在努力提升自己，提升教育科研层次，开展更加科学规范的课题研究。

名师做教育科研，一般都是聚焦于教育教学实践中的现实问题。名师大都是有心人，他们善于对自己工作中的相关问题或经验进行总结分析，使有价值的问题或经验在联系、解读中逐渐清晰起来，从而形成围绕某一主题的研究问题。他们会对发现的问题进行持续的思考，并在此基础上形成自己的研究课题。可以说名师的研究是为了解决教育教学中的实际问题，是有基础、有价值的真研究。

研究中，名师们善于思考，对照研究目标和进程经常反思自己的研究实践。他们对教学前、教学中和教学后工作不断进行反思，把自己的成功之处、不足之处、教学机智和学生的创新等作为随笔以日记、教学博客等形式记录下来，定期与同事、教育专家、其他名师进行交流，在互动研讨中拓展研究内容。他们会定期或不定期组织研究团队进行专业对话、互动合作，经常开展学科教研组教研、学术沙龙、小课题研究等活动，共同围绕研究课题进行研讨交流，在彼此的思维碰撞中统一意见，形成共识。他们还善于"借力""引智"，向校外的教学、教研专家学习，在他们的引领下开展教育科研活动。有专家的精准引领，名师的教育科研活动方向更加明确，论证更加深入，目标更加准确，方法更加科学，过程更加扎实，结果更具有真实性和科学性。

在严谨、扎实的教育科研过程中，名师们既有经验的学习、思考与总结，也有课堂的实践、探索与追寻，所以其教育科研活动一般都能取得与预期相符合甚至是超出预期的成果，其呈现方式主要有论文、专著、调查报告、实验报告等。按照"发展即成果"的教育科研理念，名师们非常看重研究团队、研究对象群体和所在学校在教育科研过程中发生的变化、取得的进步或获得的发展，这种实践成果也是名师开展教育科研活动的动力。

同时，名师们都非常重视教育科研成果的转化。课题可以结项，但研究永无止境，在课题结项之后他们主动将研究成果与教育教学实践相结合，在研究团队内部进一步开展验证性研究，检验研究成果的实践价值，继而在校内、区域内逐步推广使用，使研究成果真正转化为教学质量效益。在研究成果转化过程中，名师们进一步深化研究活动，持续思考、总结、提炼，不断丰富、补充、完善研究成果。

  教育科研没有固定的道路，但如果认真分析名师的研究之路，也必定会从中得到很多启示。为了给青年教师的成长提供更多帮助，我们对20位中原名师进行了深度访谈，将名师的教育科研轨迹进行梳理与提炼，发现他们的感触和体会惊人地一致：他们都认为教育科研加速了他们的成长步伐，正是因为参与教育科研工作，他们对所任教学科的课程标准和教材体系有了更加精准的把握，对学科教学的本质有了更加深入的理解；正是因为开展教育科研活动，他们在面对学生的千差万别时多了一份基于了解的自信，能够在课堂教学中善引趣导，和学生一起直抵教学的本源；正是因为步入教育科研大道，他们一路高歌，取得了一项又一项成绩，收获了一项又一项荣誉。

  回首过去，名师们因为在教育科研方面成绩卓著而见称，从一名普普通通的中小学教师成长为远近闻名的教育教学名师。面向未来，名师们必将聚焦教育科研再出发，向着教育家的成长目标迈出更加坚实的脚步。名师是怎样炼成的？审视以中原名师为代表的名师群体成长之路，我们可以明确地说：教育科研，是名师成长的密码！

李付晓
2020年3月

目录

第一章　基于课程研究　提升名师创生能力

　　遇见绘本课程　师生向光而行……………………………………003

　　播种阅读之光　照亮前行之路……………………………………009

　　致力资源开发　绽放成长之花……………………………………016

　　潜心教育科研　开发乡土课程……………………………………023

　　致力课程开发　共赴教育幸福……………………………………031

第二章　基于教材研究　提升名师专业能力

　　根植教材沃土　长成参天大树……………………………………039

　　筑牢内容根基　撑起生本课堂……………………………………047

　　突破教材局限　探索教学新路……………………………………056

　　研透用活教材　促进专业发展……………………………………065

第三章　基于课堂研究　提升名师实践能力

　　用心课堂研究　引领智慧成长……………………………………075

构建生命课堂　助推学生发展 …………………… 083
　　解密语言密码　构建活力课堂 …………………… 091
　　教中促进理解　研中演绎精彩 …………………… 098
　　变革课堂教学　提升实践能力 …………………… 107

第四章　基于学生研究　提升名师教育能力
　　潜心生命教育　促进生命自觉 …………………… 115
　　游戏贯穿始终　自主能力养成 …………………… 124
　　自主健身研究　践行学科素养 …………………… 133
　　专注学生研究　提升教育能力 …………………… 139

第五章　基于教师研究　提升名师引领能力
　　依托主题研究　打造发展高地 …………………… 145
　　聚焦混合研修　多元集智聚力 …………………… 153
　　教研联动融合　精研细琢求索 …………………… 162
　　示范辐射引领　智慧成长共生 …………………… 171

第六章　基于课题研究　提升名师科研能力
　　专注计算研究　创建"好玩"课堂 ………………… 179
　　研究学习变革　不断超越自我 …………………… 186
　　潜心课题研究　成就卓越梦想 …………………… 193
　　循着亮光前行　提升科研素养 …………………… 202

后记　………………………………………………………… 207

第一章 基于课程研究 提升名师创生能力

著名教育家苏霍姆林斯基说过：高贵的精神是不会停步不前的，它经常使人勇敢而无所畏惧。由此我联想到，在教育科研的过程中，那些沿着陡峭山路攀登的人，凭借着高贵的科研精神，直面遇到的种种问题，克服重重困难，披荆斩棘，最终必然达到"一览众山小"的超然境界。

走近中原名师，深入了解部分中原名师的课题研究故事，近距离欣赏他们在学术上取得的不凡业绩，可以深切感知他们能奉献、能钻研、能学习、能攻关的研究精神。

透过这些课题研究的故事，不难看出，作为一个引领教师成长的名师，课、课堂、课程、课题是他们安身立命的根本，钻研、创新、奉献、责任、坚持……是他们内在的修行。

遇见绘本课程　师生向光而行

在中原名师大家庭中有一位活泼可爱的陈静老师,我们都叫她"超人"。了解陈静的人都知道,自踏上讲台那天起,陈静就一直是个很"不安分"的教师。学生说她是魔法教师,总会在课堂上为他们带来一些稀奇有趣的创意。同事们称她是"超人静",每天都有无穷无尽的精力和想法。看到她阳光的笑脸,便会觉得她似乎从来不为工作累心,是一个从来没有烦恼的精神自由人。做语文教师的 18 年,她始终像一朵向日葵一样积极向上。我们通过对陈静老师的访谈,进一步了解她的故事。

一、缘起,阅读的种子在静静发芽

初为人师的陈静,每每接手新班,总会发现班上学生大多不爱读书。经过走访,她发现这些学生家中的课外书存储量几乎为零,甚至很多家长对儿童课外书的概念仅仅存在于《安徒生童话》《格林童话》。为了激发学生读书的兴趣,她先买来一批课外书,每天抽课前五分钟和午间十分钟读给学生听,美其名曰"魔法老师讲故事"。渐渐地,学生阅读的胃口就大起来,已经不仅仅满足于每天十五分钟的听故事了,越来越多的孩子开始捧起书,逐渐沉浸在书的世界。看到学生慢慢爱上阅读,陈静想:"让学生讲述自己的阅读故事,是不是更有说服力?有阅读就有感受,有感受就需要分享。"于是,"好书分享"活动应运而生。每天中午预备铃打响前的十分钟，成了她和孩子们最期待的时刻。全班62个人，每天一个人上台推荐一本书。62天的坚持，62本书的推荐，大大激发了师生共读的兴趣。这种把优质课外书作为学科教学有益补充和学生素养同步提升的形式，既深受学生欢迎，也深深影响着学生的心灵。

一位已经上了大学的学生这样称赞陈静：我的魔法老师，原来你真的会魔法，你的想法和做法真的好超前！我每每看到现在电视台上那些火爆的节目，像《我的一本课外书》《朗读者》《子午书简》等，都会扬扬自得：这些东西早在我的小学课堂上，就已经由您带给我们啦！

学生们的意犹未尽也引发陈静的再次思考：儿童阅读接下来要做什么？带着这样的思考，陈静从以下两个方面着手培养学生的阅读习惯。

1. 将更多文学资源融入语文教学

陈静首先改变"教教材"的策略，将语文教材与相关文学资源进行整合，丰富课堂的容量。依据课程标准和学生的认知规律，让大量有价值的相关文学资源走进课堂，如"四书"、古诗词、优秀童书、现代散文等，给学生无限的阅读自由和空间。课堂容量的扩充，让学生有了更广阔、更自由的阅读空间，他们的识字量、背诵量、阅读量逐步增加。正在读硕士的学生邵立煌说："我的语文素养来自我的小学语文老师陈老师的培养。她在课堂上给了我们无穷无尽的乐趣。"

在众多关于儿童阅读的尝试中，陈静一直没有放弃对绘本的偏爱。尤其是近几年，作为一名语文老师，陈静逐步将绘本作为重要的阅读资源引入课堂学习，开设儿童写作课程。"想让儿童用儿童的心灵去感受，用儿童的视角去观察，用儿童的方式去表达。"这是陈静作为一个语文教师的朴素想法。

2. 坚持"开学第一课展示"活动

每学期的开学第一课，都是陈静所带班级学生最期待的。从一年级开始，这些学生便用独特的方式展示自己在假期的读书收获。在暑假过后的"小书本，大世界"专题活动中，每个学生都走上讲台把自己假期的阅读经历用幻灯片、绘画等多种方式呈现出来，和大家分享。而寒假过后的"我和我的春节阅读故事"则更多展示了传统节日里的生活。台上讲述的学生神采飞扬，台下聆听的学生眼睛明亮。"读万卷书，行万里路"，在陈静的课堂上，任何体验都是学习的资源。

二、遇见，一个人和卓越课程的慢生长

2004年，陈静在自己的班级里开设了一个"美文朗读"活动，有个小姑娘带来了绘本故事《猜猜我有多爱你》，这是一个短小又温情的故事。后来，陈静在书店里看书，机缘巧合读到这个绘本，她瞬间觉得感动：它似乎是一个早就认识的朋友，穿过光阴守在一处，只为这一天的相遇。

后来，她就开始读绘本，试着把绘本引入课堂，甚至在微信群里开设亲子绘本阅读微课，绘本在一点点影响着她的生活。2016年10月，在中原名师的培训中，闫学老师是陈静所在写作组的导师。了解闫学老师在绘本课程研发中的深耕细作，感慨她在如此繁忙的校长管理工作中依然对研究保持最大的热情，陈静从此开始向闫学老师学习，默默汲取向上的力量。不久，当她走进闫学老师的学校——杭州新华实验小学，走进了向往已久的魔镜绘本馆，看到了依据绘本《田鼠阿佛》创设的室外阅读馆——阿佛的洞时，她更加感受到了绘本课程带来的魅力。

2017年7月，在姑苏城，一个最重要的遇见使陈静成为闫学绘本课程的种子教师，有了与绘本课程深度融合的机会。也正是这次遇见使陈静深深感受到：对于绘本研究，重要的不是场馆，不是地域，而是站在课堂上的人。面对绘本研究，"愿意做"比"你能做"更重要。

于是，她和她的团队开始专注绘本课程的创生研究。培利·诺德曼在《阅读儿童文学的乐趣》中说："一本图画书至少包含着三个故事：一个是文字讲述的故事，一个是图画暗示的故事，还有一个是文字与图画相结合而产生的故事。"经典的绘本，经过了很多人的阅读检验，其画面和文字是非常值得推敲和学习的。一些主题鲜明、语言生动、结构清晰的绘本，完全可以作为想象力培养和写作表达的好素材。借用绘本，为学生插上一对想象的翅膀，引领他们进入神奇的幻想王国，激发他们表达的欲望，岂不乐哉？

三、实践，沿着绘本的光亮走向远方

因为前期有研究的基础，再加上满心的热爱，陈静和她的团队将目光锁定在"绘本阅读与儿童创意写话"这个主题。

这个主题源于陈静及其团队对目前儿童习作教学的焦虑。心理学研究表明：七八岁的小学生处于智力开发的最佳期，求知欲强，既具有丰富的情感，又善于形象思维，而且正处在口头语言向书面语言的过渡时期。因此，对他们进行写话教学的训练是科学的和必要的。

写话教学对教师来说有一定难度，主要在于缺少有效的教学资源。写话究竟教什么？很多时候主要凭教师个人经验去判断和选择。而教师也往往将自己定位在说教者的角度上，不知如何让学生跳出被限制的角色。长此以往，学生的思路越来越窄，词汇量也得不到有效拓展，所以学生会出现说写不同步，基本句式把握不好，标点使用马虎等问题；老师和家长也因此变得比较急切，总嫌孩子写得不够长、不够好，学生也随之产生焦虑情绪。

学习语言，学生需要优秀的语言范式，需要增加实用词汇量，需要提升阅读理解能力。这时，绘本独特的优势就显现出来了。一本经典的绘本凝聚着作者独具匠心的设计，是妙图与美文的和谐融合。更重要的是，绘本不是一本正经先入为主地说教，而是以生动的故事、美妙的意境、美好的语言浸润孩子的心灵及智慧。陈静及其团队找到了一套行之有效的"魔法"，逐步探索出了绘本阅读与儿童创意写话教学的策略。

1. 寻找绘本和创意写话训练的契合点

基于绘本包含着优质的写话资源这一特点，在教学中，陈静团队尝试从绘本的"图""文""主题"三方面着手，以"模仿"为抓手，寻找绘本和写话训练的契合点，将绘本与写话有机地结合起来，让绘本为低年级写话教学注入灵动的活力。常态样式为：（1）仔细观察，描述图画的精彩；（2）模仿文本，增加词句的积淀；（3）触发灵感，拓宽题材的宽度；（4）激发情感，增强儿童表达的欲望。"模仿是创作的开始"，特别是对第一学段的孩子来说，更是如此。绘本语言简练生动，描写细腻，构思巧妙且蕴含着一定的语言规律，其规范性是孩子们的口头语言所达不到的。在教学中，陈静及其团队提炼其中反复出现的经典句式，图文结合，引导学生"迁移"，让他们愿意表达、敢于表达。他们还在句式模仿的基础上，引导学生模仿整个故事进行创作，将书中的语言变为自己的语言，用规范的语言表达自己的真实情感。

2. 把教材、绘本、写话进行有效统整

陈静及其团队借助统编教材的编写特点，沿着"课外阅读课内化"的路径，将教材内容与绘本、写话紧密结合起来，找寻绘本中的写话密码。蕴藏无穷故事的绘本似乎天然就具备用以写话教学的特质。因为他们进行了有目标有聚焦的深挖，所以在一次次的研磨与实践中，打造出了一个个绘本课例。他们从绘本的图画里发现语言的密码，从绘本的语言中发现写话的钥匙和模仿的范本。《逃家小兔》《小猪变形记》《想吃苹果的鼠小弟》《我家是动物园》……这些绘本巧妙转身，都变成了写话教学的素材。在陈静的绘本课堂上，对话的是一个个真实灵动的生命，收获的是孩子们明亮美好的童心。运用绘本走进课堂、走进童心，不论是对孩子的心灵成长还是对其写话能力的培养，无疑都是最美好的打开方式。

3. 激发儿童好奇心，推进补白猜想

绘本用生动的图画取代了烦琐的文字叙述，给孩子留下了无尽的想象空间。在阅读过程中，陈静及其团队非常重视儿童读图能力与想象能力的培养，往往选择极富想象力的画面，引导孩子仔细观察其中的形象、色彩、细节等，想象绘本本身文字以外、画面以外可能发生的故事，让孩子们体会意想不到的写话乐趣。

绘本画面的静止性、绘本情节预留想象空间的广阔性、绘本内容的生活性，都给写话训练提供了许多便利条件。利用绘本画面的静止性指导儿童看图说细节，可以训练孩子们的观察能力；而在结尾处续写故事可以培养孩子们的想象能力。

从绘本教学对写话教学的作用来看，绘本阅读不仅提高了学生语文学习的兴趣，而且也是低年级学生增强语感、积累语言的良好范本。在绘本阅读中，陈静及其团队通过组织听、说、看、读、问、议、写、想象、表演、创作等丰富多样的实践活动，为学生的写话训练提供了丰富的素材。与此同时，绘本中蕴含着的丰富知识、情感和智慧又能让孩子产生对自然、社会、

艺术、人生等强烈的好奇心与探究欲望，而这种好奇心与探究欲望会引领学生不断地观察生活，持续地阅读，为学生拓宽写话思路、丰富写话内容打下坚实的基础。

四、未来，向绘本更深处漫溯

2018年7月，陈静带着她和团队一年多来的研究成果，受闫学老师的邀约，从河南出发，到达美丽的江南，和来自全国各地的老师们齐聚闫学绘本课程研究工作坊，一起分享交流绘本解读的经验。他们用绘本为成长打开一扇窗，为心灵架起一座桥；用绘本遇见世界，遇见美好，遇见志同道合的伙伴们……

在渐行渐深的绘本阅读与儿童创意写话实践中，绘本以生动饱满的形象，明亮而慷慨的色彩，或诗性或幽默或平实或深刻的文字，使陈静和她的团队看见光，看见爱。绘本让看不见的东西变得有触感，有温度，有表情，以其独特的方式馈赠给孩子精神哲学和表达智慧。

在河南省教育厅搭建的平台中，在闫学老师的激励与引领中，陈静开始用一种新的角度来审视自己的教学研究，从随意读，即兴写，粗浅研究的现状抽身，将自己的研究目光有意识地聚焦，沿一处深挖，收获满满。

面对绘本课程研究取得的成绩，陈静常说：我们始终还在路上。是的，儿童的生活应该是丰富多彩的，写话教学也应该生动活泼、新鲜有趣。绘本是训练小学低年级学生写话的极佳载体，教师应该学会利用绘本为学生创设选择和尝试的空间，帮助他们插上想象的翅膀，让他们在广阔的创作空间里自由挥洒，尽抒童真、童趣、童乐，让他们踏着"绘本阅读与创意写话"这座坚实的阶梯走进更广阔的习作殿堂。

绘本课程的研究也极大地带动了陈静名师工作室成员的成长。是绘本研究让他们一次次地聚焦、抱团、成长。"为什么对这个世界抱有美好？因为有些人会照亮你，有些人会彼此照亮。"在沿着绘本光亮努力前行的路上，陈静和她的团队还将继续努力，将绘本扎根课堂，实现更广阔的教育人生。

（剧爱玲）

播种阅读之光　照亮前行之路

每当年轻教师和家长们向中原名师周雁翎请教语文学习的秘诀时，她都会认真地告诉他们："语文学习的过程并不完全是知识学习和纯粹的知识增量的过程，更是一个人精神品位不断上升的过程，这一点是与数学、物理等其他自然科学学习不同的。"语文学习事关人的精神品位提升，也决定了阅读和感悟将是语文学习的重要途径。

那么，在语文学习中，如何提高学生阅读能力和表达能力？她说："就像学游泳不能只理论分析，必须跳进泳池游才行，只有把学生放入无限的阅读海洋畅游，才能锻炼出学生的阅读能力。小学语文教师的责任和使命就是把经典的童书带到学生面前，让童书的美好与童年相遇，成就学生的语文底色、自我精神底色。"

一、播种，那些阅读的时光

1992年雁翎中师毕业后成为一名小学语文教师。雁翎爱语文，更爱这个职业。汉语世界的博大精深，孕育了雁翎独特的优雅和精致的气质，也让她认识到语文教学的丰富和复杂，认识到语文教师要以语文的方式使学生获得完美的人格和丰富的精神世界。

但是，让学生感受到语文的美，却是一件说起来容易做起来很难的事情。20世纪90年代，一本语文教科书和无数的习题就是学生眼里语文的全部世界，从小学到高中，学生用最多的课时去学习母语，花了大量时间写作业、做练习，却依然有许多学生学不好语文，甚至不喜欢语文。语文教学高耗低效是许多语文教师的共同困惑。

出于师者的责任和对语文之美的热爱，雁翎开始寻觅提高学生语文素养的良方，走访身边语文素养高的人，探寻他们学好语文的原因。她发现他们有一个共同点：爱读书。结合自己的亲身体会，回忆自己的学生生活，反思自己的学习经历，她也深感自己的语文素养得益于广泛的阅读。于是，雁翎便开始了学生课外阅读指导的探索。

从 2001 年秋，雁翎开始每天为学生大声读 20 分钟课外书，如《窗边的小豆豆》，书中那个天真淘气的小豆豆让学生不知大笑了多少回；又如《八十天环游地球》，书中幽默的语言、出人意料的情节紧紧抓住了学生的心……雁翎还报名参加了"亲近母语"网徐冬梅老师班级读书会，在徐老师的指导下为学生读了《时代广场的蟋蟀》《魔法师的帽子》《我的妈妈是精灵》等课外书。读了几个月后，家长们就普遍反映孩子开始爱读书了，她也常常见到学生手中拿着各种各样的课外书。

面对班级管理中棘手的问题和学生成长中的困惑，雁翎都是从图书中寻找答案的。在此过程中，她感受到图书世界的丰富不仅在于图书内容本身的丰富，更在于其所蕴含的育人价值的丰富，于是她开始以此眼光发掘语文世界的育人矿藏，并对其进行再加工和精加工，让它们不但成为教学资源，更成为学生成长的精神食粮。于是，雁翎在所教班级组织了各种读书活动，如兴趣导读、班级共读、亲子阅读、童书漂流……就这样，读书和读书活动成为雁翎帮助学生开启语文大门的钥匙。

雁翎就是用这种坚持的精神，用这种活动的魅力，让阅读走进了学生的生活，在学生心里播下爱读、乐读的种子。

后来的十几年，读书和读书活动一直伴随着她所带的班级，学生们成立诗社，创作小说，续编故事……创作的热情也随着阅读活动的深入高涨。这样的语文教学生活同时也给了雁翎发现的眼睛、创作的激情和丰富而难忘的精神生活。雁翎的优质课先后在国家、省、市大赛中获奖，撰写的论文、随笔不断发表在报纸杂志上，各种讲座、培训的邀请也纷至沓来。2010 年，35 岁的雁翎被评为信阳最年轻的语文特级教师，在专业发展的道路上越走越远。

二、研究，让阅读开花

在走向更深的语文教学实践和思考中，雁翎和她的团队进行了多种尝试，并达成了"条分缕析的阅读分析方法永远无法让学生学会阅读、爱上阅读"的共识。正如学游泳绝不能只理论分析，必须跳进泳池游才行，只有把学生放入无限的阅读海洋畅游，才能提高学生的阅读能力。

担任业务校长后，雁翎积极倡导有针对性地在全校开设自由阅读课：低年级是教师为学生大声读；中年级是开展班级读书会，师生共读一本书；高年级是自由默读，集中讨论。同时学校开展"绿色悦读节"活动，活动覆盖每一个年级、每一个孩子。经典诵读、图书漂流、图书义卖……孩子们或写或画，或读或演，经典童书因此悄悄走进学生生活，无声地引领学生成长。

在不断摸索中，雁翎深深地意识到这些零散的活动必须固化为课程，才能形成体系，才能有效地实施和评价，才能更好地在学生身上体现；也只有形成课程，形成模式，才能有效地总结经验，才能得以有效推广。

心有多大，舞台就有多大。2014年，一纸调令把雁翎推到信阳市第九小学校长的位置上。当时的九小是一所位于城乡接合部的学校，城镇化让这所面积不足十亩仅有24个班的学校挤进了2000名学生。其中，三分之二的学生是进城务工人员的子女，三分之一的学生是附近经商人员的子女，大部分学生家长既没有引导孩子进行课外阅读的想法，也没有引导他们进行课外阅读的能力。

于是，雁翎校长毅然决定由学校承担起培养孩子课外阅读兴趣和习惯的责任，在课堂内、活动中有计划地系统指导学生进行课外阅读，将课外阅读指导课程化实施，进而形成模式，并建立评价系统，从根本上改变学校学生课外知识匮乏的问题。雁翎认为只有进一步将阅读指导课程化，才可以使阅读成为学校的亮点和品牌，才能提高办学水平，提升办学品位，提炼办学理念，实现学校个性化发展。同时，课程的实施探索，还可以进一步更新教师教学理念，促进教师专业能力的可持续发展。

方向已定，但是学校阅读课程的主张是什么呢？哪个词语能突出它鲜明的个性并统领研究方向呢？最朴素的往往是最贴切的，就用一直挂在嘴边的那句话吧："阅读滋养心灵，阅读滋养生命，滋养师生的底蕴和灵气。"书籍是最好的营养品，通过读书可以"养兴趣、养习惯、养性情、养德行"，于是雁翎据此提出"养读"课程，目的是有计划、系统地指导小学生课外阅读。为了使课程设计更严谨科学，2015年雁翎和她的团队申报了省级课题"小学生'养读'课程的设计和实施"，以课题组成员为核心，以"养读"思想为统帅，以国内外相关理论研究为导向，加强顶层设计，变碎片化摸索为序列化的研究，实现活动向课程的华丽蜕变，让阅读开出了一朵美丽的科研之花。

三、课程，让课题结果

在各级领导的帮助下，2015年，周雁翎组建了中原名师周雁翎工作室，吸纳了来自全市的14名优秀教师，同时正式组建课题团队，提炼并推出"养读"理念——通过读书帮助学生"养兴趣、养习惯、养性情、养德行"，申报了省级课题"小学'养读'课程的开发和实施研究"。同时，建立了"123+X""养读"课程模式："1"是一本语文书，大约用两个月的时间学完语文书。用语文书夯实语文基础知识，加强字词的积累和朗读能力的培养。"2"是"晨诵教材"，包括"古代经典"和"现代儿童诗"两个部分。古代经典从《三字经》《弟子规》《千字文》《笠翁对韵》《论语》和成语中选择。每天早上15分钟的晨诵课便在现代儿童诗和古代经典的朗读中开启。"3"是每学期从文学、科学与数学、人文与艺术三个不同维度推荐的三本共读书，这三本书教师会在课堂上带领学生学习，并开展相关阅读活动。"X"是学校阅览室和班级图书角里的书。放学后学校阅览室便会开放，每班轮流到学校阅览室阅读；每学期学校都开展"捐10元看百本"的活动来充实班级图书角，六年下来每个班级图书角内的图书可达七八百本。

为了保证课程的实施，雁翎编写了校本诵读教材，一年一改进，迄今已经推出了第三版；确定了一至六年级的必读书目，每学期将三本必读书纳入语文课堂教学，开展教学研究，期末进行测评；高标准建设了学校阅览室。

同时，雁翎及其团队根据小学生年龄特点举办丰富多彩的读书活动：每年4月举行"多彩悦读节"，开展图书跳蚤市场活动，邀请"动物小说大王"沈石溪等童书作家来校做讲座，利用升旗仪式进行班级诵读成果展演，成立"雅风吟诵社""小露珠儿童诗社"……为促进教师阅读，他们坚持隔周举行"悦读分享会""走近童书推荐会"。为促进家长阅读，雁翎带领名师工作室成员成立"雁翎名师工作室志愿者团队"，进社区、到户外举办义务的亲子阅读会，促使更多的家长走进亲子阅读的行列。"养读"课程"养兴趣、养习惯、养性情、养德行"的目的更决定了它要读社会、读自然、读生活。于是雁翎开设了一年级的"入学课程"，二年级的"卫生课程"，三年级的"电影课程"，四年级的"鄂豫皖革命纪念馆游学课程""走进菜市场综合实践活动课程"，五年级的"博物馆研学课程"，六年级的"生涯规划课程"，还有贯穿一年四季的"二十四节气课程"等。这些课程让语文学习与社会、生活、自然密切联系，在课内精读、课外泛读和观察实践的综合作用下，促进学生语文学习能力的提高和学习品位的不断上升。

这一路摸索尝试，且思且行；这一路书香四溢，硕果累累。2017年，"养读"课题结题，"养读"课程的教材、教案、课例等实践成果结集，雁翎名师工作室也在"养读"教材编写、"养读"课程实践中实现了质的飞跃。中原名师周雁翎工作室也被省教育厅评为"河南省终身学习品牌"。更重要的是学生受益良多，在短短不到四年的时间内，学校在教科研能力、学生综合素质、整体办学水平等各方面都取得长足发展。学校以"让我们一生幸福成长"为办学使命，注重挖掘每一名学生在成长中的闪光点，形成了"成长教育"品牌。雁翎和她的团队也在这一过程中取得了一系列研究成果：建立了"123+X"养读课程模式；开发了系列小学"养读"课程教材；形成了小学"养读"课程实施与推进的策略；开发了配套的教师手册和学生手册；构建了"养读"课程阅读指导课的课型；形成了课外阅读序列化活动；形成了"养读"课程评价机制。学校的"养读"课程及所取得的成绩被搜狐网、《河南青年报》、《信阳日报》、信阳电视网等媒体报道，获得省内外兄弟学校的广泛认同。

四、研究，照亮前行的路

从实践走向理论，是从优秀走向卓越的必经之路，更是卓越教师成长中一个绕不开的问题。雁翎和她的团队走向"养读"的研究之路，给教师成长带来了有益的启迪。

余文森教授说：一个教师即使著作等身，荣誉无数，如果缺乏自己的教学主张，从专业上讲，他依然还是一个无"家"可归的"流浪汉""门外汉"。按照省教育厅六年一周期的培育规划和安排，中原名师培育对象最终的目标也是形成教育思想，成为豫派实践型教育家。提炼自己的教学主张或教育思想的过程就是新的教学品牌和教学理论培育与创立的过程，是往教育家方向发展的过程。雁翎在自己的研究实践中琢磨、感悟、梳理，把原来模糊的认识和凌乱的经验加以整理，提出了自己的教学主张，那就是：以社会、自然、生活为语文教育场景，以阅读习惯培养和广泛阅读为基础的"养读"语文。这个富有特色的教学主张为她和她的团队树立了一面鲜艳的旗帜，也让她逐步走向卓越。从这个意义上说，教育科研是教师走向卓越的必经之路。

教育是生命与生命的相遇，教育的过程也是生命与生命的对话过程。雁翎和她的团队在语文"养读"课程的基础上，进一步建设了所有学科老师都参与进来的2.0版"全学科养读课程"，纸质阅读与电子阅读融合的3.0版"全息养读课程"，社会生活与阅读结合起来的4.0版"全人养读课程"。后在2014年、2015年两版"养读"课程校本教材基础上，最终于2016年形成了由一套诵读教材和一套全科教材组成的"养读"系列教材，并于2017年开发了配套的教师手册和学生手册，探索出系统的实施与推进策略，先后到省内外20多个县、市推广。2017年，信阳九小荣获"河南省首届金烛奖最具成长力学校"称号；2018年，信阳九小又获得了"河南省书香校园"称号，入选全国教师志愿服务"课后服务示范点"。她的"养读"课程经验远播重庆，并获得了河南省教科研成果一等奖。雁翎和她的团队在通过教育科研促进自身专业成长的同时，也使他们的教育教学实践更有利于学生的全面发展,用实践证明了教育科研对学生和学校的发展都具有积极而深远的意义。

雁高飞领舞养读,翎展翅弄潮中原。雁翎说:"豫派实践型教育家"是省教育厅对我们的期望,也是兀立在我们面前的高峰。它召唤我们,突破从优秀走向卓越的瓶颈;它鼓励我们,勇敢地拿起理论的"矛"去刺破固有经验的"盾",在共性的基础上,实现个性化的追求,超越经验,超越学科,最后超越自己。而教育科研无疑是像雁翎一样的名师成长的密码、飞翔的翅膀!

(剧爱玲)

致力资源开发　绽放成长之花

　　一个扎根幼教事业、孜孜以求不断成长的老师，一个痴情于教育科研、专注于家乡桐柏文化资源开发建设的名师，一个在课题研究中成长并壮大起来的中原名师，她就是河南南阳的幼教名师李道玲。穿越时光隧道，感悟家国情怀，我们一起来探寻她的成长密码。

一、潜心教学，以研促教甘奉献

　　在常人眼里，幼儿教师是一个身兼孩子王、保姆、教师多重角色的职业，工作平凡而又琐碎、单调而又无趣，既没有轰轰烈烈的英雄壮举，也没有惊天动地的感人事迹。然而，李道玲老师在教书育人的平凡岗位上，努力奉献着火热情怀与赤诚爱心，用爱心与青春铸就平凡的事业，谱写了一曲曲幼教事业的大爱之歌。

1. 爱生如子立风范

　　教师是立教之本，兴教之源。聆听李道玲老师的教育故事，我们看到了一位人民教师在幼儿教育舞台上的执着，一名教育工作者在教育事业上的坚守。她的这份教育情怀令人感佩！

　　三十多年的幼教生涯里，她常年担任班主任和教研组长，把爱心、耐心、责任心时刻铭记心上，她也是孩子们的"李妈妈"。在李道玲眼里，每一个孩子都是天使，都要让他们在关爱中健康成长。2006年冬天的一个上午，一个幼儿突然双目紧闭，四肢抽搐，口吐白沫，她立即采取应急措施，飞速赶往县医院对幼儿进行治疗并自己垫付医药费，医生说再晚一会儿就危险了。有个楠楠小朋友平时活泼好动，且说话结巴，家长拿他也没有办法。李老师就把他带在身边，让他跟着自己吃住，做他的朋友，走进孩子的内心世界，后来楠楠当上了班里的故事大王，重大的改变让家长激动不已。李老师就是这样把班级幼儿当成自己的孩子，记不清多少孩子在她家吃过饭，睡过觉，她的家成了孩子们的第二个家。

2. 坚守创新成一格

三十多个寒暑，三十多个春秋，写就了李道玲老师多少个坚守的故事。幼儿园建园之初，条件非常简陋，没有生源自己找，没有课程自己想，没有教具自己做，李道玲老师备尝创业的困难和艰辛。但她三十多年没有迟到早退一分钟，没有因家庭私事影响过工作。即便是近两年，她常受颈椎病、脑血管痉挛等疾病的折磨，也从不喊一声苦，叫一声累。亲人们都劝她，年龄不小了，身体又不好，该停一停、歇一歇了。但她没有松懈，没有放弃，而是像一匹昂首嘶鸣的骏马仍旧在教学的田野上纵横驰骋。

李道玲老师把幼儿教育当作一门艺术来追求，不断尝试、改良、实践、完善，最终形成了充满个人魅力的激情、独特、幽默的教学风格。她善于教学创新，在教学选材、教学方法、教学策略等方面寻求突破。她积极利用乡土材料创设具有本土特色的环境，开展丰富多彩的区域活动，带幼儿到大自然中去感受生活美、家乡美，到老年公寓或敬老院去播撒爱的种子。她把民间游戏、农用工具搬进课堂，让孩子们从小就了解家乡的本土文化。

她将个人业务追求和教学探索辐射到整个幼儿园。2015年，通过层层考核，省教育厅批准成立以她名字命名的中原名师李道玲学前教育工作室。她带领青年教师积极进行教学研究，使工作室成为教学研究的平台，成为辐射带动的核心和教育教学成果的孵化地。

3. 且教且研结硕果

著名科学家钱伟长曾指出："教学没有科研做底蕴，就是一种没有观点的教育。"课堂教学是教育科研的隐形动力，教育科研是课堂教学的源头活水，如果没有教育科研做支撑，课堂教学就会失去"灵魂"。翻看李道玲老师的荣誉证书，梳理她的研究之路，我们发现，在长期的教育教学过程中，李老师善于反思梳理，且教且研，让教学有魂生根，让教研开花结果。

一分耕耘，一分收获。李老师的课堂教学活动"有趣的土陶"和"猫捉老鼠"荣获省级优质课一等奖；"好玩的木块"和"争做文明好宝宝"荣获市级优质课一等奖；"火的安全""陀螺真好玩""神奇的爆米花机"获市级优质课二等奖；编写的活动方案有十余篇获市一等奖；撰写的论文有十余篇获省一等奖，十余篇在杂志上发表；制作的课件《油灯》获省级一等奖，《我爱家乡桐柏美》获省级二等奖；自制的玩教具"快乐的娃娃家"获省级一等奖。主持研究了十余项课题，其中"民间游戏在幼儿园中运用的研究"荣获省级二等奖。2015年以来，她和她的团队致力于红色文化课程开发的课题研究，正在编织一个更大、更高、更远的幼教振兴之梦。

二、峰回路转，向课题深处沉潜

虽然已经做过十余项课题，但是中原名师课题让李道玲老师更深刻地体验了课题研究之路的艰辛历练和一次次答辩成功之后的喜悦。

1. 几经磨砺定选题

李道玲老师根据项目办要求申报了中原名师课题，但她确定的选题上报后，起初并没有被导师通过。经过重新选题，重新讨论，最终课题题目确定为"红色文化渗透幼儿德育教育的实践研究"。然而在2017年申请立项时，由于未能很好把握时间，陈述重点不突出，没有通过答辩。之后，经过与中原名师刘娟娟等老师的交流和刘宇导师耐心细致的指导，李道玲老师撰写了红色文化构成要素明确、实施方案具体的开题报告。针对这个反复修改的过程，李老师常常会幽默地说："课题虐我千百遍，我待课题如初恋。"

2. 愈挫愈奋课题路

2017年5月，在温州，作为2017年度重点培育对象，李老师的课题"利用'红色文化'促进幼儿社会性发展的实践研究"要参加立项考核。在答辩之前，李老师反复学习了2016年3月河南省基础教育教学研究室申宣成博士《怎样开展课题研究》的视频讲座和2016年10月河南省基础教育教学研究室杨伟东主任的精彩讲座《课题研究：开门七件事》，进一步了解课题研究的一般过程和注意事项，请教了浙江师范大学杭州幼儿师范学院刘宇副教授、安徽师范大学研究生导师吴玲教授。

不仅如此，在通往温州的研修之路上，她在火车上、餐厅里、宾馆里一遍遍地练习、思考、修改，才有了答辩现场的轻松自如和专家评委的一致赞同。然而，2017年11月到浙江余姚开题答辩又遭遇挫折。几经修改，直到2018年3月，在舟山的开题答辩才顺利通过。专家们从这几方面给予了高度的评价：一是课题研究目标清晰，核心概念界定层次清楚；二是研究思路清晰，有很好的研究素养和研究基础；三是课题研究方法选择恰当，能确立两至三种重点研究方法，便于操作，可行性强。就这样，"基于桐柏文化的幼儿园课程资源开发研究"迎来了正式实施的阶段，从此，李老师在课题研究之路上开启了柳暗花明的桐柏文化课程开发之旅。

正是一次次失败中的查找、阅读、研磨，促使了李道玲老师科研能力进一步的提升。

3. 苦乐交织做中期

课题正式实施以后，李老师和她的团队调研了家长、教师、当地的文化名人和文化工作部门，明确了桐柏文化的内涵及纳入幼儿园课程开发的思路等。利用团队的力量共同研讨，不断讨论，不断做出一些创新的尝试，写出一些好的文章。李道玲撰写的论文《幼儿园环境创设渗透红色文化教育》获省一等奖，成员靳古彦老师撰写的论文《让幼儿在游戏活动中了解本土文化》获省三等奖。其他成员分别撰写与课题相关论文《开发利用农村当地资源促进幼儿全面发展》《源于生活，归于童心》《幼儿茶艺》《桐柏文化融入幼儿园生活领域方法初探》《浅谈幼儿园大班幼儿根雕组织与开发》等。

课题实施中，根据专家们的建议，李道玲老师和她的团队且行且思，围绕幼儿《3—6岁儿童学习与发展指南》《幼儿园教育指导纲要（试行）》等，利用各种资源，走出去、请进来，寻找多样开发文化资源的方法。

首先，把桐柏文化与幼儿园课程开发相结合，找到桐柏文化与幼儿园教育目标间的结合点，根据幼儿园教育目标和幼儿学习的规律与特点，研究出哪些桐柏文化通过什么形式可以开发成幼儿园课程。其次，把家长、老师、当地文化工作者与传统文化传人结合起来，丰富和拓展幼儿园课程的主体，形成多元主体的合力。再次，把课程开发的理论研究（主要是研究论文）与实际开发实践（主要是课程案例展示）相结合，把研究成果渗透到实际课程开发中，使每门课程富有设计思想，富有文化内涵与特色。同时通过对典型开发课程的总结、评价、提炼，找到利用传统地方文化开发幼儿课程的规律或可推广的模式。最后，把幼儿园基于桐柏文化的课程开发与其他幼儿园的交流结合起来，使幼儿园各有侧重地开发基于当地文化的幼儿园课程，然后通过定期或不定期的交流来形成合力，进而形成富有桐柏文化特色的幼儿园课程体系。

通过对课题的研究，课题组成员对自己过往遇到的教育问题的思考进行了系统的总结，将近年来自己组织教学和融入各项活动的内容图片打印出来，归类整理，撰写报告，形成系列课题成果。看着自己的课题成果，回忆着自己研究的艰辛，李道玲老师说："一时忘记了研究过程的艰辛，更多地感受到了教育教学活动的美好。"

任何工作只有从内心感受到它的真正价值时才能产生真正的热爱。通过做课题，李老师总结了自己的成长密码有三个：阅读——点燃教育激情，反思——更新、升级自己，实践——提升自己的教育能力。如今，课题对李老师而言是一件有意义、有价值的事情；做课题，让李老师的生活、工作、学习都有了巨大的变化。李老师认为："课题研究之路是教师职业的智慧，更是一个教师不断前行的原动力，是持续改造自己教学过程、提升自我专业素养的关键，是不断创新的必经之路。""有了课题研究之路，我们的教学之路一定会越走越好！"

4. 引领带动成果丰

走在课题研究的路上有苦也有乐，一次次的研讨攻克一个个难关，解决很多疑难问题。每次课题组都会根据专家意见反复修改，不断完善开题报告。课题组每次研讨都有记录有照片，一步一个脚印脚踏实地走下去。在课题的引领下，李道玲所在幼儿园申报课题研究的氛围浓厚。2018年11月申报市级课题4个。

桐柏县幼儿园胡明晓园长自豪地说："一个李道玲名师工作室带动一群教师认识自我、剖析自我、提升自我；一个李道玲影响一群教师抓课题、搞教研、提技能、共发展；一个桐柏文化课题探索出一条幼儿园发展新路子！李道玲老师用自己的钻研和奉献精神感染了团队中的每一位教师，也给我们倾情做课题研究的老师们以有益的启示。"

三、引领带动，提升教师专业发展

苏霍姆林斯基说："如果你想让教师的劳动能够给教师带来乐趣，使天天上课不至于变成一种单调乏味的义务，那你就应当引导每一位教师走上从事研究这条幸福的道路上来。"身为教师，特别是一线教师，必须成为学习者、研究者，才能与时俱进，才能在研究中成长，才能达到更高的目标，才会有质的飞跃。李道玲老师和她的团队一路走来，过程是艰辛的，收获却是丰硕的，路途上虽然荆棘丛生，沼泽遍地，但历经山重水复之后，却收获了教育的幸福。因为专注，所以专业，她的课题在全县幼儿园得到推广，掀起"桐柏文化，从娃娃抓"的热潮。

然而，并不是所有的教育科研都会成功，也有失败的可能。面对失败，管理者应该有足够的宽容心，不但要允许失败，甚至还要"鼓励"失败。"鼓励"失败就是鼓励教师创造，就是鼓励教师克服畏难怕苦的情绪，在失败中寻找成功的途径，从而树立信心，有勇气去迎接挑战。

李道玲老师通过"基于桐柏文化的幼儿园课程资源开发研究"提升了自身与相关教师课程开发的能力，有助于他们的专业化发展，为幼儿园开发课程资源提供了可参考途径。他们根据五大模块的课程内容设计主题活动并进行子课题研究，使桐柏文化与课程实现更大程度的融合，他们的子课题"家乡自然资源融入幼儿园课程的实践研究"也顺利通过了市级立项，成为南阳市教育科学"十三五"规划 2019 年度课题。

李道玲老师无私奉献的精神和勤于钻研的工作态度源于她饱满而强大的家国情怀，这情怀影响着一批又一批年富力强的教师，感染着一代又一代积极进取的年轻教师。李老师的课题记录里有这样一段话："和同伴们一起，成就最好的团队，成就最好的自己。毕竟一个人的努力是加法，一个团队的努力是乘法，让我们和团队一起，相互鼓励，相互加油，经过沿途的攀登，欣赏顶峰的风景！"

一路执着一路歌，科研之花结硕果。如今，李道玲老师仍然以年轻的心态活跃在教学一线，像一只春蚕仍在默默吐丝，像一支蜡烛仍在发光发热，像一位爱的天使，在孩子心中播撒红色文化的种子，让革命文化在桐柏这片热土上绽放光华。李道玲老师和她的团队必将带着对家乡的无限热爱、对未来的美好憧憬走向诗意和远方！

（剧爱玲）

潜心教育科研　开发乡土课程

2018年8月28日，教育部首批万人援藏援疆支教河南省支教团带着省委、省政府领导的关怀，肩负着河南省教育厅交付的重任，踏上援疆支教的征程。在这个光荣的队伍中有一位特殊的援疆人，他就是河南省支教团里唯一的一位高中历史教师、中原名师——刘坚。

"三寸粉笔，三尺讲台系国运；一颗丹心，一身秉烛铸民魂"，作为中原名师这个优秀团队中的一员，他的课堂或如三月清风不寒杨柳，或如六月骄阳热情如火，或如八月桂花馨香怡人，或如腊月梅花暗香浮动，充满着政治家的睿智、哲学家的思考、文学家的想象、艺术家的浪漫，总是妙趣横生，生机勃勃。

通过一次次与他的近距离接触和对他及他同事们的访谈，一个卓越历史老师的成长轨迹鲜活地呈现在我们的面前。

一、爱洒教育，用鲜活的课堂培养人

"将爱写进生命里"是刘坚笃信的人生格言。进入新疆后，他不忘初心、牢记使命，以饱满的热情全身心地投入教学工作之中，课内课外，旁征博引，爱洒学生；教学研修，主动担当，倾心付出，全力帮扶，情满哈密。他用真诚和付出赢得当地教师和孩子们的热爱和支持。由于他思想境界高，原则性强，教育教学水平高，待人谦和，乐于为大家服务，援疆的老师们尊称他为"灯塔"。

自 1990 年参加工作以来，忠诚党的教育事业、扎根讲台就刻在刘坚老师的心中。在近 30 年的高中教育教学工作中，他爱岗敬业，虚心学习，积累了丰富的教育教学经验，形成了独特的教学风格。

1. 生本课堂，让教学具有独特的风格

在新课程实施的背景下，刘坚老师始终坚持以生为本的教学理念，积极进行课堂教学方法和课堂教学结构的改革实验。他在课堂上开展以质疑、讨论、启发为主的教学方式改革，注重改变学生单纯地接受知识的学习方式，把教学重点放在教会学生获取知识的方法和能力上。

苏霍姆林斯基说："一个无任何特色的教师，他教育的学生不会有任何特色。"作为一名历史老师，他敢于直面诸多困难，如课程地位低，学生和家长不重视等。他虚心学习他人的长处，不仅听同科组老师的课，也听其他学科老师的课，学习他们授课的艺术与技巧，并把这些艺术与技巧用于本学科的教学当中，取得了良好的效果。在教学中，他坚持深入钻研教材，对每节课的教学内容力争做出最科学的设计，选择最有价值、最生动的材料与最动人的事例补充到课堂教学中去，形成了自己"知识面宽广、课堂气氛活跃和谐、学生参与积极、既教书又育人、教学实效突出"的教学风格，所教班级的成绩年年都名列前茅，受到上级领导及同行的充分肯定。

2. 实践创新，让学生成为学习的主人

陶行知说："我们要活的书，不要死的书；要真的书，不要假的书；要动的书，不要静的书；要用的书，不要读的书。总起来说，我们要以生活为中心的教学做指导，不要以文字为中心的教科书。"自 2001 年以来，为了提高学生学习历史的兴趣，提高学生的语言表达能力、活动组织能力、思维创新能力和运用历史知识解决现实问题的综合性能力，他坚持开展学科小组活动，直到今天从未间断，受到广大学生的热烈欢迎。

2001 年研究性学习刚刚提出，他就敏锐地抓住这一机会，率先行动，积极组建学习小组开展研究性学习活动，开展历史教学的实践性教育改革，取得了令人满意的效果。我们通过其中一个研究性学习小组的活动总结可以看出开展实践性教学对学生全面发展的重要意义。比如某同学在总结中这样说："我觉得自己长这么大，从来没有在一天里与这么多的陌生人交谈过……我第一次发现，自己与别人交谈的能力超出了自己的想象。"另一位同学这样说："胜利的喜悦，给我们以巨大的鼓舞，自信成为我们的精神力量，推动我们更加深入地探讨研究课题。"从他们的总结中，我们能够读到学生自信心增长的骄傲和自我潜在能力被发现的喜悦，这种体验之深刻是常规教学无法达到的。还有一个小组谈到了他们在活动中的一个小细节：课题组在图书馆查阅有关资料时，由于量大而图书馆又不允许复印只能摘抄，他们就想到用录音机摘录的办法，使收集资料的速度大大加快。事后，刘老师在组会上表扬了他们的创新精神。同学们大为惊奇："这也是创新？！"由此，一个小细节打破了创新的神秘面纱，从而激发了学生的创新热情，培养了他们的创新意识。

通过指导活动，刘坚老师也获得了许多课堂上无法获得的有益的工作经验，提升了教育教学能力和对历史教学的认识，更为自己研究课堂、研究教学打下了坚实的根基。

3. 依托科研，让自己教育教学水平提升

刘坚老师的科研之路迂回曲折，但他和他的团队历尽艰辛而不悔。教育科研对一线老师来说，是高高在上的，披着神秘面纱的，然而新课程实施以来，它从大学校园、科研院所的神坛走到了中小学的校园里。起初，在刘坚老师看来，自己不会也不敢参加什么科研活动，但是教育教学工作中的实践对他提出了严格的要求，省、市教研部门的领导和老师对他提出了殷切希望，希望他能够通过教育科研来解决现实的困惑，进一步提高自己的教育教学水平。于是，在完成繁重的教学工作之余，他积极承担省、市教育教学研究课题，参加、承担了省教育厅"十一五"重点课题"普通高中新课程方案实施策略研究"等的研究任务并积极进行经验总结，撰写了多篇教研论文，如《历史的作用》《现代教育技术在历史课堂教学运用中的问题》《实现教育价值的真正回归》等，并有多篇研究成果在《当代教育研究》等刊物发表。

以自己的教学实践为基础，他申报了"普通高中历史教师指导专题型研究性学习技能的实践研究"的省级课题，并于2017年顺利结项，为广大高中历史教师开展研究性学习提供了可以操作的实践模式，受到有关部门的关注。

二、依托乡土，用鲜活的课程培育人

2015 年他被确定为河南省中原名师培育对象，荣誉带来的喜悦还未散去，他就体会到了参加培训的艰辛和中原名师做课题与自己以前做课题的不同。

1. 失败是成功之母

2015 年 7 月，第一次中原名师集中培训，为刘坚老师打开了一扇又一扇窗。每天近 8 个小时的报告，各种新思想、新理论、新主张纷至沓来，让人目不暇接。特别是林一钢教授的教育科研方法讲座，让他一下子觉得自己真正地走进了教育科研的大门。新鲜的思考极大地冲击着他的旧有知识体系，也激发着他反省、自悟自己教育教学中存在的问题，他在思考如何最大化发挥历史教学的作用。

他工作、生活在开封。开封是国务院首批公布的 24 座历史文化名城之一，中国八大古都之一，已有 2700 多年的历史。历史上的开封有着"琪树明霞五凤楼，夷门自古帝王州""汴京富丽天下无"的美誉。北宋时期的开封更是当时世界第一大都市，创造了历史上空前繁荣的城市文明，在诸多领域留下了浩如烟海的历史文化遗产。如此厚重的乡土文化，如何与历史课程相融合，为历史学科核心素养的落地发挥应有的作用呢？他想到利用地方历史开发校本课程推动历史教育的方法。

2016 年，他积极申报了中原名师教育科研项目"开封市高中乡土史校本课程开发实践研究"。然而，在 2016 年 3 月的开题答辩中，他本以为自己有一定的研究经验，参加过省、市的多项教育科学研究，获得过课题研究的多种奖项，课题立项通过应该没有问题。专家们却提出了他们的质疑：选题的意义和价值认识不到位，选题的内容不够清晰，核心概念界定模糊，校本课程实施的评价方式缺乏可操作性，课题研究分工不清等，从而否决了他的立项申请。

访谈到这里时，我们也感到很惋惜和惊异，而刘坚老师则非常平静地说："起初自己也很丧气，遇到这样的挫折在职业生涯中也是极为少见的。

可转念一想，这不正是自己沉下心来，总结经验，思考梳理，再次奋起的契机吗？这次失败的经历成了我们工作室的宝贵财富。所有人都憋着一股劲儿，更加广泛地查阅文献，更为细致地深入调查，更加仔细地梳理有关线索，争取在第二次的立项审核中顺利通过。这次失利也让工作室的全体成员掌握了教育科研的基本方法，知道了科研的艰辛和快乐，所以失败是成功之母！"

2. 沉潜引领行动

以开题失败为契机，他重建了课题组，要求团队成员认认真真来教书，踏踏实实做研究。于是，一个研究和开发课题的强有力的共同体诞生了，同时也开启了乡土史文化研究和校本课程开发之旅。

如何才能做好"乡土史校本课程开发"这个新课题呢？他引领团队广泛深入地学习校本课程开发理论，多次组织讨论，模拟开发程序，进行理论推演，最终确立了实事求是、有趣有味的基本指导思想；明确了校本课程开发过程中要"以校为本"，从学生的发展需要出发，遵循国家、地方、校本三级教材统一的基本原则；确立了校本教材的题目和主要内容；厘清了课程开发的步骤、资源的范围，明确了课题组每个人的责任。

课题组成员和其他参与课题的老师，通过对课题研究相关理论的查阅和学习，对有关校本课程开发理论、模式、步骤、存在的问题等有了较为清晰的认识，同时通过研制校本课程项目，编撰并确定校本课程开发纲要，明确课程目标、内容、实施方法、课程评价等主要指标，极大地带动了开封市历史教师开展乡土史校本课程开发的热情，起到了中原名师应有的示范、引领、带动作用。

3. 课程开发硕果满园

众所周知，新一轮课程改革的一大亮点就是实行国家课程、地方课程和校本课程三级管理模式，校本课程的研究与开发成为许多学校教育科研的重点。

鲜活的乡土史进入课堂教学有利于完善教育自身的社会功能，营造"寓教于乐"的氛围，让学生在主动探究和充满乐趣的学习氛围中获得知识，提高能力。利用乡土史开展教育教学活动，已经成为历史教学过程中的关键一环和重要手段。

三年多来，刘坚老师和他的团队立足校本实际，潜心研究课题，致力于课程开发，在引领学校教育科研的同时也收获了丰硕的成果。他们探索出了高中历史乡土史课程开发的有效路径，探索出了地方历史与学科教学结合的途径，探索出了在学科活动中培养学生核心素养的有效方法，让尘封的历史"活"了起来。

与此同时，团队的课题研究也取得了一系列的阶段性成果。2017年3月前完成了《"开封市高中乡土史校本课程开发"理论汇编》；2017年12月前完成了《"开封市高中乡土史校本课程开发"方案汇编》；2018年9月前完成了《开封市高中乡土史课程资源调查报告和资料汇编》；2018年12月前完成3册"开封市高中乡土史校本课程"系列教材，其中，《抗战开封》被评为河南省校本课程成果一等奖，这一成果也在本地的高中学校得以推广应用。

三、追梦前行，用科研之花芬芳教育生命

课程资源的开发利用是课程改革与实施的重要保障，是新课程目标顺利达成的必要条件，对于学生和教师的发展都具有独特的价值和重要的意义。刘坚老师及其团队的课题研究之路给我们从事教育教学和课题研究带来很大的启示。

1. 写好文献综述，为课题研究奠定理论基础

课题研究要撰写文献综述，其作用就在于充分参考已有的研究材料，避免重复前人已经解决的问题，重做前人已有的研究，重犯前人犯过的错误。因此，在确定选题之前，一定要做好文献综述研究，提高研究的意义和价值。在"开封市高中乡土史校本课程开发实践研究"这一选题确定之前，刘坚老师和他的团队就广泛深入开展文献研究，通过中国知网、学校图书馆、河南大学图书馆、开封大学图书馆、学科教学杂志等途径，搜集文献，查找资料，了解近年来国内外关于乡土史与校本课程开发关系的最新研究状况。阅读了近十万字的文献资料，撰写了两万多字的《开封市高中乡土史校本课程开发实践研究文献综述》，启发和导引了课题组老师的思路和方向，为课题研究的顺利进行奠定了基础。

2. 做好前期研究是基础，立足课堂显特色

课题研究是一项庞大而复杂的系统工程，为了确保课题的顺利开展，以便早出成果，多出成果，出好成果，需要做好前期研究的准备工作。

没有教育理论指导的教育实践，犹如大海中盲行的船只。教育理论的学习和储备，是每一个教育工作者从事教学活动、开展教育研究的必然要求。

刘坚老师和他的团队也正是在学习了大量文献资料的基础上开启了研究之旅。为此，他们专门编写了《"开封市高中乡土史校本课程开发"理论汇编》作为课题组学习的资料和开展实践研究的理论依据。

课堂教学是课题研究的切入点，也是课题研究的重点。课程改革重在课堂，难在课程，关键在教师。教教材，用教材教，教课程，用课程教，自己开发课程教，刘坚老师和他的团队把乡土史开发的一系列成果运用到课堂中，让历史课堂和学生的生活更契合，从而使历史课堂彻底"活"了起来，也让尘封的历史"活"在了课堂上。

3. 坚持以人为本，促进师生发展

我们认为课题研究必须坚持以人为本原则。一是要以教师为本，即在教师的能力范围内进行开发。在"开封市高中乡土史校本课程开发实践研究"这一课题的研究过程中，课题组以中原名师工作室为平台，一方面为教师外出培训和学习创造条件，带领课题组教师前往北京、宜昌等地进行学习，开阔课题组教师的视野；另一方面也注重吸收本地的成功经验，虚心学习、借鉴兄弟学校校本课程开发实施的先进经验。这些活动唤醒了教师正确的课程理念，使广大教师能够积极主动参与到校本课程开发的实践中去。

二是以学生为本，即在学生全面发展的基本理念之下进行开发。历史学科校本课程开发的目的应着眼于促进学生素质的全面发展，不仅要向学生传授历史学知识，培养学生的历史思维能力，而且要引导学生养成和塑造正确的世界观、人生观和价值观。在"开封市高中乡土史校本课程开发实践研究"这一课题的研究过程中，课题组老师组织学生参观抗战历史遗址，如河南大学、张登云故宅、兴隆庄火车站站舍旧址、抗战时期中共河南省委旧址等；组织学生开展社会调查活动，如采访曾经历过解放战争的老人，进行相关的问卷调查，并据此调查结果写一篇调查报告；组织学生进行"我写我家"家史调查等教学实践活动。在这一切活动的开展中，他们始终秉承着校本课程开发最终目的是服务师生发展、丰富教育生命的崇高理念。

"捧着一颗心来，不带半根草去。"刘坚老师常常以陶行知先生的教导激励自己。无论在中原大地的开封二十五中，还是在祖国边陲的哈密市第一中学，他都怀揣美丽梦想，跋涉漫漫征程，不懈奋斗、不辍追求、不负瞩望，以仁爱之心传道，以火热之情授业，以恭谨之态解惑，为神圣的教育事业，为伟大的民族团结事业，兢兢业业，勤勤恳恳，恪尽职守，无私奉献！

（剧爱玲）

致力课程开发　共赴教育幸福

  课程是因为学生而存在的，其实质在于给学生自主发展的机会。我们的课程表中应该有这样一类课程，它能让学生有自己的想法并有把自己的想法变成现实的机会，这类课程就是校本课程。

——写在前面

  阅读陈静、周雁翎、李道玲、刘坚等中原名师的课程开发故事，梳理他们的专业发展之路，不难发现：爱心是根、育人为首是中原名师群体专业成长的根本动力，酷爱读书、乐于反思是中原名师发展的基本方法，而精于教研、专注科研是他们专业发展的标志。在进行科研的过程中，他们不约而同地把目光投向了课程资源开发，并取得了显著的成就，发展了学生的能力，引领了学校的发展，带动了教师的成长。他们用实际行动为我们开辟了一条课程开发的研究之路，让我们通过他们的研究之路来探寻课程开发的奥秘，走向教育研究的幸福之路——

一、致力校本课程开发的重要意义

  在与中原名师群体的深度访谈中，我们知道陈静老师的绘本课程、周雁翎老师的"养读"课程、李道玲老师的基于桐柏文化的园本课程和刘坚老师的乡土史课程的开发都有相同的出发点，都是立足学生实际、学校实际，基于教学现场而开发的课程。

1. 坚持正确的校本课程开发原则

校本课程的开发，就是把一些有利于学生成长的资源当作课程资源来开发和使用，更好地服务于学生的成长。陈静老师的绘本课程、周雁翎老师的"养读"课程、李道玲老师的基于桐柏文化的园本课程、刘坚老师的乡土史课程，都是充分挖掘课程资源，建设适合校情、生情和本地实际的课程体系。

首先，要坚持生本理念。要把以生为本作为校本课程开发的理论基础，注重学生的生活体验和学习经验，关注每一个学生发展的差异性；课程实施中强调学生发展的主体性、主动性，让每一个学生都成为与众不同的主体，满足每一个学生不同的发展需要。陈静老师和她的团队开发的绘本课程所做的就是这样的事情，在小学六年的求学生涯中，始终由老师们带领着孩子阅读绘本、品味其中的韵味，并鼓励孩子尝试着创作绘本，在其中感悟生命的意义，获得美的体验，增进合作和理解，真正做到了以生为本。

其次，要广泛凝聚共识。校本课程是一项复杂的、系统的工程，必须唤醒教师的正确课程理念，使之能够积极主动参与到校本课程开发中去。为此，学校管理者首先要转变观念，带动全体教师形成共识，引领教师开发校本课程，积极构建完善的有利于学生发展的特色校本课程体系。以此为基础，校本课程资源开发的主体及重点有三个方面。①学校：规划、指导、评价。②教师：具体开发。③学生：实践、体验、生成。学校要相信每位师生存在的价值，引导师生走进课程，促进自我的快速发展，实现自己的价值，找到自己的幸福。

再次，要注重多方联动。校本课程开发需要与之相适应的课程决策与管理机制，学校要成立由多方代表共同组成的学校课程委员会，并能根据国家课程方案和学校实际制订学校课程发展规划；教师、学生、家长能有效地参与学校课程建设，包括制订课程计划、开发校本课程、开发课程资源等。

最后，要树立"生活化的校本课程内容观"。开发生活化、多样化的校本课程，要立足学校实际，挖掘学校的教育资源，发挥学校的教育优势，传承学校的文化内涵，要把学校内外的教育资源整合在一起进行规划，以学校文化为主线，构建学校课程体系，为学生的发展提供适合的教育；挖掘学校的文化资源，挖掘地域资源，挖掘特色育人资源，挖掘社会、家长与专家资源。

2. 探索校本课程开发的具体策略

基础教育课程改革给学校发展提供了平台，课程管理与决策权的下放，给学校课程创新提供了机遇。校本课程的开发满足了学校发展的需求，学校在实践探究中明确了以课程改革为突破口，发展学生个性特长、提升教师专业素养、实现学校教育理念的方向。如何开发与实施校本课程，是基层学校和一线教师普遍关心的话题。从陈静、周雁翎、李道玲、刘坚等中原名师开发与实施校本课程的案例中，我们可以窥见一些"端倪"。

其一，明晰学校教育理念。开发校本课程，首先要有明确的学校教育理念（培养目标），即学校根据师生特点、教育资源、学校教育传统以及教育者的办学宗旨，确立自己的独特的发展方向。它反映的是学校的个性，体现的是学校特色。

其二，评估学生的发展需要。学校是为学生而存在的，学生的兴趣与需要，个性的充分发展，是校本课程开发的重要依据。周雁翎老师为了对本校学生的发展需要进行合理评估，组织设计了问卷进行调查，分别是：新时期小学生的形象（用一句话或关键词来描述）；我们的兴趣与需要（包括学生的兴趣爱好、特长的选项，成长中学生的身心发展需求以及学生对学校课程设置的需求）；我们的向往与未来（学校的发展、成长的快乐体验、面向未来的思考）。在评估过程中按照学生年龄特征，学校分别就高、中、低三个年龄段的学生按照直接答卷、选项填空与举手选择三种方式进行，并开展大规模访谈，对学生发展需求进行全方位的评估，最后形成科学的调查报告。结果显示，小学生的发展需求具有一定的共性：健康生活的需求、快乐学习的指导、幸福成长的体验、创新思维品质的养成。

其三，评估学校的发展需要。学校与社区都是学生幸福成长的摇篮，是他们实践与体验生活的基地。学校教学环境优美，师资水平较高。学校决策者思考着把学校做强、做大、做出特色。这样，就需要创建学校文化，创新学校课程。

其四，分析学校与社区的课程资源。按照课程资源的空间分布与功能特点，可以将课程资源分为校内条件性课程资源与素材性课程资源、校外条件性课程资源与素材性课程资源（主要指社区）。自新课程实施以来，刘坚老师与他的团队，李道玲老师与她的团队在开发校本课程的过程中，开始重塑学校与班级文化，充分开发与利用校园环境课程资源，造就怡情悦性的校园文化。在校内素材性课程资源方面，根据教师开发校本课程过程中出现缺乏知识、技能、经验的实际情况，加强了校本培训及与专家的对话、交流，以实现专业素养的提升，获取课程开发技术的支持。

第一，从学生主体性的发展出发。学生的个性发展是校本课程开发的终极追求。尊重学生的个性差异，提升学习者的主体性，培养学习者的创新意识、创新能力已成为课程改革的主要趋向。这几位中原名师的校本课程开发充分考虑到时代的特点、学生的需求，适应学生不同性格发展的需要，充分发挥学生的自主性、独立性，充分发挥其主体地位和主观能动作用，能更好地发展学生的特长和个性。

第二，从教师专业水平提高的角度出发。教师专业成长是校本课程开发的必然结果。这几位名师开发的校本课程充分调动了教师积极参与的热情，为教师提供了发挥创造性的空间和大显身手的机会。教师参与课程开发有助于提高专业水平和课程意识，对实施国家课程和地方课程也有很大的促进作用。

第三，从学校办学特色的形成出发。学校办学特色的形成是校本课程开发的自然追求和归宿。开发有特色的校本课程，满足学校个性化发展需求，有利于学校办学特色的形成。陈静和她的团队认为，带领孩子们开展绘本阅读，就是带领孩子们进入一个个美妙的仙境。为了将这样的美好体验持续下去，他们把绘本阅读开发成了课程，包括九个核心课程板块：儿童智慧开启、儿童心理治愈、儿童哲学启蒙、儿童人际交往、儿童美学鉴赏、儿童亲情体味、儿童品德涵养、儿童国际理解以及儿童创作表达。这九个课程板块基本上覆盖了儿童生命成长的基本素养，并兼顾了绘本阅读知识、绘本阅读审美、绘本阅读理论和绘本阅读实践。应该说，在课程建设方面，他们的思虑是非常周全的，也因此把他们的学校办出了特色。

二、注重内在驱动，共赴教育幸福

著名人本心理学家马斯洛说过："如果我们想知道人能长多高，那么很明显，应该挑选一些长得最高的人，对他们进行研究。如果我们想弄清人能跑多快，测量一般人跑步的平均速度是没有用的，观察那些奥林匹克金牌获得者，看看他们能达到什么样的速度，这就是最好的办法。如果我们想了解人类精神境界、价值和道德进步等能够达到怎样的高度，那么，通过研究那些最具有道德、伦理品质的人或者圣洁的人，便会得到关于这些问题的大部分答案。"我想，研究名师的成长历程，可以得到借鉴与启迪。这几位中原名师从课堂到课程的研究之路，再现了豫派实践型教育家群体的成长之路。从某种意义上说，他们从研究课堂到研究课程，再到创生课程的研究之路，都源于他们内心强大的驱动力。

第一，有动力。中原名师群体的老师们，都具有闪光的个性。个性，一般指在一定社会条件和教育影响下形成的一个人的比较固定的特性。我们每一个人都有自己的个性，但却难以闪光。名师的个性之所以闪光，首先在于他们有自己不懈的追求，形成了促进自我成长、自我超越的动力。

什么是动力？动力是理想。因为理想，周雁翎老师才得以孜孜以求，发动学校的老师们自立自强，创出学校的品牌。动力是责任。为人师者，首先要对自己负责，"壹是皆以修身为本"。作为教师，更重要的是要对学生负责，面对学生纯真的心灵，面对学生期待的目光，教师务必要真情永驻。作为教师，还要对社会和国家负责，如李道玲老师所说，教师"有一种责任——让家乡的红色文化传承，从娃娃开始"。

第二，有激情，有思想，有底蕴，善反思。这几位中原名师无不涌动着成长的激情。教师成长需要什么样的激情？需要一股"咬定青山不放松"的韧劲，用充满激情的作为不断地感动自己，感动学生，感动他人。陈静老师说过，"做一个富有激情的老师，是我的教学追求；富有思想，则是我一生的追求"。

这几位中原名师，都是勤奋读书的典范。陈静在繁忙的工作中不忘读书，每天坚持写反思。刘坚办公桌的后边是摞起来的一米多高的读书笔记……《中国教育报》曾经做过一项"全国城市中小学教师阅读状况调查"，调查结果显示，教师学历、职称、获奖都与读书正相关。

这几位中原名师都非常注重反思实践，反思已成为他们的日常。他们注重过程性反思和前瞻性反思。过程性反思的对象可能是一个学生、一个教案、一堂课、一次活动等；前瞻性反思主要包括近期工作目标、未来发展规划、教育理想是否能够很好地指导工作实践。正是在这样的基础上，他们取得了显著的课程改革成果，在培养学生学习的兴趣和能力，促进学生发展方面都取得了不错的成绩。

紧跟名师，少走弯路。中原名师课程资源开发研究之路告诉我们：一名卓越的教师应该是"1＋X"型教师，那就是除专业的一个科目以外，还要开发实施一门甚至多门校本课程。教师要通过校本课程开发，逐渐形成自己的特色课程，让学生受益，让自己在校本课程的开发中体现自身价值，体味教育幸福，实现跨越式成长。

（李付晓）

第二章
基于教材研究 提升名师专业能力

教材是连接教师和学生的桥梁,是师生据以开展教学活动的鲜活材料。每一名教师,要履行"传道、授业、解惑"职责,要实现自己专业发展,都离不开教材研究。教材研究,是教师永远的基本功。

从一名普通教师成长为一名享誉四方的名师,涉及的因素或许是方方面面的,但教材研究一定是其成长路上绕不开的课题。名师之名,魂在课堂,根在教材。只有对教材的精准把握,才会有教学设计的灵动恰切,才会有课堂演绎的精彩绝伦,才会有教学反思的真知灼见。

在本章中,让我们一起走近郑州外国语学校管城校区司德平、商丘五中聂智、济源市济水一中孔冬青等中原名师,共同聆听他们的教材研究故事,在他们的成长中汲取营养……

根植教材沃土　长成参天大树

有人说："世上最重要的事，不在于我们身在何处，而在于我们朝着什么方向走。"从一名普普通通的教师成长为河南省首批正高级教师、国家"万人计划"教学名师、中原名师、河南省教师教育专家，郑州外国语学校管城校区司德平校长所走过的路既让人艳羡，又启人心智。从教以来，他始终高度关注教材，用心研读教学大纲、课程标准，潜心钻研所用教材，准确领会教材的编写意图，创造性地使用教材，在研教材、用教材中逐步成长为河南省基础教育首位二级教授。

一、钻研：伴随成长之旅

在中学物理教学实践中，司德平始终是一位高度自觉的行者。他1985年7月毕业于许昌地区漯河师范学校，系河南省首批从初中考入的中师生；1992年6月毕业于河南大学物理教育专业；2000年6月脱产进修毕业于陕西师范大学教育硕士物理学科教学专业；2005年1月在职进修毕业于北京师范大学教育博士教育学原理专业。

在不断更新自身知识结构的过程中，他一直把研读教学大纲、课程标准、教科书、教师教学用书作为自己专业成长的重要途径。作为一名物理教师，他高度关注教材，把理解把握教材和全面了解学生作为备好课、上好课的重要两极。他注重纵横联系，不仅关注所教年级物理教材，而且将初中、高中物理教材前后联系起来对比研究；不仅关注国内不同版本的物理教材，还将研究的视域投向其他国家的物理教材。研究的历程或许枯燥，但司德平津津有味地"啃读"各种文献，从教学大纲、课程标准、现行教材、物理学专著、物理学科杂志等纷繁复杂的资料中汲取营养。在郑州外国语学校，很多师生都清晰地记得，司德平老师钟情于读书，经常手不释卷，潜心教学研究。更难能可贵的是，他总是第一时间把自己的所感、所悟记录下来，然后串珠成链，撰写成一篇篇独具慧眼的研究论文。

天道酬勤。早在1995年，司德平就在《物理教学探讨》发表了《对九年义务教育初中物理（人教版）教材的探讨》一文，展现了他独到的视角和见解。此后，他一发而不可收，先后发表《初、高中物理台阶的探讨》（2000年《广西物理》）、《解读牛顿第三定律的适用范围》（2002年《教学月刊》）、《建国后我国中学物理教学大纲的变化规律》（2005年《教学与管理》）、《例评美国高中物理教材的特点》（2007年《物理教师》）、《高中〈物理〉第三册教师教学用书勘误》（2008年《中学物理教学参考》）、《高中物理人教版课标教材与大纲教材内容的比较研究》（2010年《中学物理教学参考》）、《对人教版高中〈物理〉教材的几点商榷》（2010年《中学物理教学参考》）、《初、高中物理教材内容的比较》（2011年《物理教学》）、《初中物理教学中如何与高中物理有效衔接》（2011年《物理教学》）、《全国高考课标版与大纲版——物理考试大纲内容及要求的比较》（2012年《物理教学》）、《澳大利亚新南威尔士州的高中物理课程》（2012年《郑州教育科研》）、《人教版高中物理课标教材第3版的变化》（2013年《湖南中学物理》）等研究论文，备受同行瞩目。

司德平的心血和汗水没有白费，持续深入地研究教材，不仅仅使他撰写并发表了诸多论文，更重要的是使他成长为一名教学设计精准、课堂演绎高超的教学名师。源于对教材的准确把握，他在全面了解学情的基础上，总是能驾轻就熟地设计有针对性的教学预案。在教学时，根据课堂生成恰到好处地做出调整。学生普遍反映，司德平老师的课简约而不简单，往往让学生在快乐中沉思、在困惑处顿悟，课堂教学效率高、效果好。他所担班级的物理教学质量总是"好得没法说"。2005年和2015年，他分别获得河南省教育系统优质课一等奖和二等奖。

集腋成裘，聚沙成塔，他的研究成果日益丰满。2008年，他出版专著《中学物理教育教学研究》（大象出版社）；2009年，参编《胜券在握　新课标高考物理总复习》（人民教育出版社），《高中新课程学习指导　物理》必修2、选修3-4、选修1-1（大象出版社）；2010年，参编《河南省普通高中新课程高考复习指导　物理》（大象出版社）；2012年，主编《初中升高中衔接课教程·物理》（海燕出版社）；2013年，主编《高中物理导学案　必修1》、《高中物理导学案　必修2》（大象出版社）；2014年，参编《思悟课堂　阶梯精练　高中物理》必修1、必修2（北京师范大学出版社）；2020年，主编《好教师会讲课》（河南科学技术出版社）；2021年，出版专著《中学物理教育思想实践案例》（河南科学技术出版社）、主编《课程育人：教学价值与学生发展》（大象出版社）。

在这一过程中，他被赋予了更为重要的岗位和职责，他从教研组长、年级长做到教务处副主任、教科处主任，又从副校长做到区教育局局长助理、校区校长、区科协副主席。尤其是2013年，他被评为河南省首批正高级教师，成为河南省中小学教师中首批拥有教授职称的24名教师之一。2021年又成为河南省基础教育首位二级教授。

二、视角：持续关注教材

司德平不仅善于以自己独有的视角深入研究、发掘教材，还善于发挥集体优势，通过组建课题组，围绕物理教学开展各种专项研究活动。他先后主持或参与的省级课题"高中物理学生分组实验目标教学模式的研究"（2003年立项）、"新课程学生学习方式研究"（2004年立项）、"普通高中物理人教版课标教材与大纲教材的比较研究"（2009年立项）、"新课程高中物理学业评价研究"（2009年立项）、"新课程背景下高中物理教师专业知识发展与优秀教师个案分析研究"（2014年立项）、"人教版高中物理必修教材学科思想方法的研究"（2016年立项）都成功实施并顺利结项，分别获得省级教育科研成果奖、基础教育教学成果奖。

其中，"普通高中物理人教版课标教材与大纲教材的比较研究"课题的缘起是当时正值人教版课标教材取代大纲教材，相当一部分物理教师反映对新教材的使用具有困惑。司德平敏锐地意识到："是时候比较两套教材的异同了！"于是，他组建了由骨干教师参与的课题组，从分析大纲与课标的变化入手，逐章逐节分析课标版、大纲版教材，用新课标理念解析教材的"变"与"不变"，在甄别中深刻体悟编写者的真实意图，厘清了两个版本教材的主要变化及其依据和指向，使物理老师迅速掌握了新版教材的使用策略。

2015年12月，司德平被河南省教育厅评为中原名师，这是他人生中一个重要的里程碑，既是对其既往教育教学业绩的褒奖，更是对其未来赋予重担。2016年7月，他又成为郑州外国语学校管城校区校长、区教育局局长助理。肩上的担子越来越重，责任越来越大，但司德平并没有因为公务的繁忙荒废了教学业务。相反，他的视角仍然在关注着教学，对教材的研究丝毫没有放松。

2016年初，司德平经常在百忙之中凝神静思："物理教学，究竟要教给学生什么才是最有价值的教？"那一段时间，他把教育部《中学教师专业标准（试行）》《关于推进中小学教育质量综合评价改革的意见》《关于全面深化课程改革　落实立德树人根本任务的意见》等文件资料翻了又翻，看了又看，苦苦追寻一个能让自己满意的答案。突然有一天，他豁然开朗，原来他在这些不同的文件中找到了"共同的声音"。

2012年，《中学教师专业标准（试行）》在"专业知识"维度中的学科知识方面，不仅要求中学教师知道所教学科的内容，而且要"理解所教学科的知识体系、基本思想与方法"等，从而保证教师在教学活动中脉络清晰、重点突出，让学生感悟学科的基本思想。2013年，教育部印发的《关于推进中小学教育质量综合评价改革的意见》，首次出台了《中小学教育质量综合评价指标框架（试行）》，其中在"学业发展水平"方面有"学科思想方法"的关键性指标，考查"学生对各学科思想和方法的理解和掌握情况"。知识、技能和学科思想方法是学科教学的三大要素，其中学科思想方法是学科教学的灵魂与精髓。但是受应试教育的影响，传统课堂教学只注重知识的传授和技能的训练，却普遍忽视了学科思想方法这一学科核心素养。[1]在2014年教育部印发的《关于全面深化课程改革　落实立德树人根本任务的意见》中，首次提出了"核心素养"的概念，提出研制各学段的学生发展核心素养体系，明确学生应具备的适应终身发展和社会发展需要的必备品格和关键能力。2016 年，在教育部《中国学生发展核心素养》中提出学生发展六大核心素养，其中"科学精神"主要指学生在学习、理解、运用科学知识和技能等方面所形成的价值标准、思维方式和行为表现，包括批判质疑、理性思维和勇于探究等基本要点。基于这种关注和理解，他确定了名为"人教版高中物理必修教材学科思想方法的研究"的课题，力图"基于高中新课标与新高考改革，把培育学生物理学科核心素养与教材研究有效结合起来"。题目确定后，他马不停蹄地检索、查阅了中国知网期刊文献数据库和优秀硕博论文库的相关文献，进行了大量的文献研究，撰写了文献综述，对课题研究的相关工作进行了认真规划和设计，并向河南省基础教育教学研究室申请立项。

三、研究：取得丰硕成果

课题顺利立项，问题随即出现。司德平以所主持的省名师工作室成员为骨干力量组建课题组，绝大多数成员是具有硕士研究生学历的青年教师，有一定的课题研究基础，有热情和干劲，课题研究态度端正，这是一大优势。但同时，这些青年教师都是各个学校物理学科教学的"顶梁柱"，承担着极其繁重的教学任务和学生管理任务，工、学、研的矛盾格外突出，这是难以忽视的劣势。

为了转劣为优，使课题研究顺利实施，司德平想方设法及时调动课题组成员的积极性。首先，他自树标杆，当好课题组的引路人。在课题组分工时，他勇挑重担，哪一项工作不好做，他就把哪个攥在自己手里。课题组成员都说："司校长那么忙，还坚持做好每一项工作，带头开展研究，和他相比，咱们有什么理由喊苦叫累呢？"其次，加强课题研究指导。他逐人关注，经常询问课题组成员研究工作进展情况，帮助大家分析问题，解决遇到的各种困难，手把手指导。在他的悉心指导下，课题组成员齐心协力，牺牲节假日休息时间，系统、深入地进行文本分析，提炼高中物理必修教材中的学科思想方法，并进行纵向、横向统计分析，梳理出研究结论。

最终，在司德平的督促指导下，课题组顺利完成研究任务，经他本人执笔，撰写了 22000 余字的课题研究报告，对人教版高中物理必修教材学科思想方法进行了详细阐释，既从整体上观照了高中物理教材中常见的 12 种思想方法，又不厌其烦地具体到章、节、页码、位置，详述了文本内容，提炼出了相应的学科思想方法，在横向分析基础上，又进行纵向梳理，形成了"人教版高中物理必修教材中的学科思想方法纵向分布表"。同时，基于高中物理学科思想方法的界定与分类，采用文本分析法与案例研究法，分别对 2015 年全国 14 套、2016 年全国 10 套高考物理必修试题中的学科思想方法进行了系统提炼。

值得欣慰的是，"人教版高中物理必修教材学科思想方法的研究"课题取得了丰硕的理论成果和实践成果，获得了可喜的研究成效。

理论成果方面：该课题的阶段成果《人教版高中〈物理〉（必修 2）教材学科思想方法的研究》发表在核心期刊《物理教学》2016 年第 10 期，并被中国人民大学复印报刊资料《中学物理教与学》2017 年第 4 期目录索引库收录；《高中物理必修 1 学科思想方法教育内容分析》发表在《物理之友》2016 年第 11 期；《人教版高中物理必修教材学科思想方法的研究》发表在《湖南中学物理》2016 年第 12 期；《2015 年高考物理必修试题中的学科思想方法》发表在《湖南中学物理》2016 年第 8 期；《2016 年高考物理必修试题中的学科思想方法》发表在《湖南中学物理》2017 年第 4 期；《基于学科思想方法例析文本教学价值的提取》发表在《湖南中学物理》2018 年第 11 期。

实践成果方面：2016 年 6 月，在中国物理学会物理教学专业委员会举办的第七届全国中学物理特级教师代表大会暨广东省物理名师学术研讨会上，司德平携带所作论文《人教版高中〈物理〉（必修 1）教材学科思想方法的研究》进行会议交流。2016 年 6 月，在陕西师范大学举办的全国物理名师工作室协同创新暨核心素养论坛上，主持人司德平应邀作了《中学物理教师专业发展的实践》专题报告。2017 年，主持人司德平应邀分别在信阳市淮滨高中、新乡市平原外国语学校、河南师范大学附属中学、郑州高新区朗悦慧外国语中学、郑州市郑东新区外国语中学、郑州市回民中学、郑州第二十九中学、漯河市舞阳县第一高级中学等作了 10 场相关专题讲座。2018 年和 2019 年，司德平赴新疆哈密市、新疆建设兵团第十三师送教授疆，分别作示范课和专题讲座。不仅践行了中原名师的社会责任与义务，而且交流推广了研究成果。

回望"人教版高中物理必修教材学科思想方法的研究"这一课题研究的历程，司德平感觉受益匪浅，他说："通过这项课题，不仅践行了'专家引领、同伴互助、自我反思'的新课改理念，而且2017年和2018年依托中原名师工作室培育了10名省级名师、20名省级骨干教师，进一步提升了教育科研能力和专业幸福感。"2017年7月，司德平被河南省教育厅选入河南师大首批中原名师流动工作站；2018年10月，被郑州市人民政府评定为郑州市首批高层次人才；2019年6月，获郑州市政府特殊津贴。

司德平从一名普通的中学物理教师成长为国家"万人计划"教学名师、中原名师、河南省首批正高级教师。毫无疑问，他几十年如一日，认真钻研教学大纲、课程标准，深入研究教材，是其中最为重要的驱动力之一。从司德平的身上，我们可以得到这样的启示：

一是研究教材要坚持不懈，持之以恒。众所周知，随着时代的发展、科技的更新、教育理念的转变，特别是新一轮基础教育课程改革的实施，中小学教材也在不断地改版或调整，每一次更新都会带来教学内容编排体系、呈现方式等诸方面的变化，这些变化对教师来说都是新的挑战。在现实的教学中，也确实有不少教师面对新版教材出现过这样那样的困惑和迷茫。而司德平在使用教材、应对教材变化方面显得得心应手。他对教材的关注，仅从其发表的论文看，跨度就有二十多年，实际的时间应该更长。可以说，对教材的研读分析贯穿了他从事中学物理教学的全过程。也正是这种自觉自律的长期研究，使他的课堂教学成效显著，既成就了一批批的学子，也成就了他自己。

二是研究教材要系统广泛，全面关注。要想真正地理解教材、把握教材，就要全面地研究与教材相关的材料，即课程标准、教师教学用书、考试试卷、音频视频资料等等。从司德平对教材的研究看，他不仅研究了高中物理教材，还研究了初中物理教材及二者的衔接；他不仅研究课本，还研究课程标准、教师教学用书、试卷等其他材料；他不仅研究国内的物理教材，还把视野投向国际，研究了美国、澳大利亚等国的物理教材；他不仅在正常使用的过程中研究教材，还特别善于在教材改版时进行比较研究。

正是在如此全面系统的研究中，他对中学物理教材有了精准的把握，在教学实践中做到了游刃有余，取得了非常不错的教学效果，得到了各级领导、学生家长和社会各界的一致好评。

三是研究教材要依托课题，深入深刻。在司德平的成长之路上，课题研究起到了不可估量的作用。他先后主持了20余项省级课题，其中获得省级成果一等奖的就有17项。在教材研究方面，他主持的"普通高中物理人教版课标教材与大纲教材的比较研究"、"人教版高中物理必修教材学科思想方法的研究"两项课题，在理论成果上、实践成果上都收获丰硕。仅以"人教版高中物理必修教材学科思想方法的研究"为例，一年中，课题组在省级以上专业学术期刊发表了6篇论文，司德平受邀作了10多场学术报告，培育了省级名师5人、省级骨干教师10人。司德平的经历说明，以课题为载体开展教学研究，可以充分利用团队的集体智慧，使教材研究活动更加深入，使研究内容更加具体，使研究成效更为丰满。

（李付晓）

参考文献

司德平．高中物理必修1学科思想方法教育内容分析[J]．物理之友，2016（11）：1-5．

筑牢内容根基　撑起生本课堂

谈起中学语文教学，聂智有说不完的话题。在建构"生本语文"的过程中，他格外重视教学内容，他说："随着对语文学科性质、语文教学目的和任务的认识越来越清晰，我的教学越来越注重回归文本。那么，回归文本也存在一个问题，即用教材教什么。"

一、厚积薄发：大力倡导"生本语文"

在很多场报告中，聂智都说过这样一句话："读书是教师最好的修行。"他是这么说的，更是这么做的。

爱上读书，缘于一次比赛。1997年，聂智参加河南省第二届十佳教改新星比赛。那年，经过县、市两级选拔的十多位选手要先参加省里的笔试。而当时参加工作仅仅7年的他，对此十分懵懂，根本不知道从哪儿下手。好在当时的区语文教研员孙全珍老师送他一本《叶圣陶　吕叔湘　张志公语文教育论文选》救急，他这才意识到自己积淀粗浅的弊病。从此，他开始订阅有关教育教学的期刊，如饥似渴地苦读课堂教学实录和教育专著。

两年后，聂智已经初尝饱读诗书的甜头。1999年，他参加在开封举行的河南省优质课竞赛。临场抽题，聂智抽到了令不少老师非常头疼的《〈咏柳〉赏析》。尽管"不够幸运"，但认真备课后，他还是获得了省一等奖。时至今日，聂智依然记忆犹新：课后，许多老师都认为他对教材的处理十分精巧，问他是怎么想到的。聂智说："这份成功缘于我两年的阅读积累。"

有了这次成功的经历，聂智越发迷恋阅读了。他开始从以阅读精短的教学期刊为主过渡到阅读大部头的教育专著。2003年去青岛，当其他人带回大包小包的特产时，聂智只带回了两大摞近600元的书，原因是他如获至宝地发现了一家专门卖教育图书的书店。随着理论著作阅读量的增加，他对课堂的评价、对学科的认识，不再跟着感觉走，而是有了理论的依据。

就这样一路走来，聂智最终厚积薄发，经过长期的实践、深入的思考和反复的论证，提出了"生本语文"教学主张。

聂智指出：我所追求的语文教学是"生本语文"，概括地说就是"将大量的课程资源放手交给学生去处理，教师成为一名引导者，充分激活、挖掘学生学习的主动权和积极性，一切教学活动应是'为学生好学'而设计的。语文教学中能够发挥学生的主动性，真正鼓励学生自己去发现问题、解决问题，更好地促进学生的'学'。'一切为了学生，高度尊重学生，全面依靠学生'"[1]。

在"生本语文"教学主张中，聂智格外关注教学内容。他说："一节好的语文课，就是用简单实用的语文方法来教语文的内容，核心是关注语言。""语文学习的主要目的不是读懂、掌握一篇篇课文内容，而是通过一篇篇课文，让学生学习语言，发现不同内容、相近内容的不同语言表现形式，发现不同文体的个性特点。"

聂智"生本语文"教学主张关于教学内容的阐述具体体现在三个方面：一是语文教学内容应该是具有温度的内容。他认为，语文老师要唤起学生对真、善、美的追求或者提升自身的情感体验。二是语文教学要教语文的内容，要体现语文学科的学科性质，即工具性与人文性的统一。他认为，从语文学科工具性的角度来讲，教师在进行教学目标的设计时就应注意培养学生的实践操作能力，以及良好的语感等，要在阅读、写作、口语交际等方面培养学生的能力。三是语文教学要教学生需要而且目前可以接受的内容。他认为，生本思想就是充分尊重学生现有的知识能力，在学生试图解决超出自身能力的问题时教师给予一定的帮助，帮助学生顺利通过最近发展区。

二、跨越成长：再度聚焦教学内容

2015年，聂智被河南省教育厅评为中原名师。毫无疑问，这是他多年来在中学语文课堂上辛勤耕耘的结果，也是他继续在中学语文课堂播撒希望和梦想的动力。

在参与中原名师培育期间，按照省教育厅的要求，每位中原名师培育对象都要开展课题研究，以加速成长步伐。"选择什么课题呢？"聂智思虑再三，"如何让课题更实用，和实践紧密结合，更好地指导课堂教学？"

聂智认真回顾了自己二十余年的中学语文教学之路，重新审视了自己的教学主张"生本语文"。本着"让课题更实用"的宗旨，他召集商丘五中的语文教师开座谈会，认真倾听来自众多一线教师的声音；他精心设计调查问卷，让老师们在不署名的问卷上倾吐无法面对面说出来的心里话……经过广泛地征求意见，最终，聂智把研究课题确定为"统编初中语文教材现当代散文教学内容确定的实践研究"，他关注的依然是教学内容，只是进一步细化到了"现当代散文"这个更为具体的领域里。

确定研究题目，仅仅是明确了研究的方向，顶多算是课题有了一个"朦胧的影子"。如何确定课题研究目标？如何细化课题研究内容？如何规划课题研究进程？……每一个细节，聂智都要仔细琢磨、反复斟酌。为了弄清楚这一课题的研究现状，他废寝忘食地搜集、阅读各种文献，从身边的杂志、著作里查找，从网络上查询、打印，一时间，他的案头、床头到处都是这方面的资料。

访谈中，我们问聂老师："确定研究课题后，您阅读了哪些文章？查阅了哪些文献？"聂智微笑着拿出了一份清单：

（1）中华人民共和国教育部：《义务教育语文课程标准（2011年版）》，北京师范大学出版社，2011年。

（2）王均江：《散文之美》，国家行政学院出版社，2013年。

（3）林贤治：《中国散文五十年》，漓江出版社，2011年。

（4）中国作家协会创作研究部：《多维视角下的散文》，作家出版社，2014年。

（5）周闻道：《颠覆城堡（理论卷）》，广东人民出版社，2014年。

（6）穆涛：《散文观察》，西安出版社，2009年。

（7）王兆胜：《新时期散文的发展向度》，广东人民出版社，2014年。

（8）辛晓玲：《平凡人生　宇宙深境——中国现当代散文意境研究》，民族出版社，2011年。

（9）吕若涵：《现代散文的阐释空间》，人民出版社，2015年。

（10）段建军、李伟：《新散文思维》，商务印书馆，2006年。

（11）何平：《散文说》，江苏文艺出版社，2013年。

（12）邓利：《中国现当代散文文本细读》，中国社会科学出版社，2015年。

（13）孙绍振：《审美、审丑与审智：百年散文理论探微与经典重读》，广东人民出版社，2014年。

（14）王荣生：《语文教学内容重构》，上海教育出版社，2007年。

（15）王荣生：《语文科课程论基础》，上海教育出版社，2003年。

（16）王尚文：《走进语文教学之门》，上海教育出版社，2007年。

（17）潘新和：《语文：表现与存在》，福建人民出版社，2004年。

（18）王丽：《中学语文名篇多元解读》，广东教育出版社，2006年。

（19）王荣生、步进：《散文教学教什么》，华东师范大学出版社，2014年。

（20）沈金耀：《散文范式论》，海峡文艺出版社，2009年。

（21）贵志浩：《话语的灵性——现代散文语体风格论》，浙江大学出版社，2010年。

（22）王荣生：《散文教学内容确定的基本路径》，《中学语文教学》2011年第1期。

（23）李金云：《例谈散文教学内容的误区》，《语文教学通讯》2011年第28期。

（24）王荣生：《中小学散文教学的问题及对策》，《课程·教材·教法》2011年第9期。

（25）郑桂华：《散文教学内容开发的路径与原则——以〈听听那冷雨〉为例》，《语文学习》2008年第5期。

（26）陈尚达：《语文教学内容重构如何成为可能》，《语文学习》2010年第11期。
……

透过这份长长的清单，我们可以对聂智的执着和专业精神窥见一斑。聂智认为，这些文献资料对研究课题非常有帮助。他说："一方面让我们对散文这一文体，对语文教学有了学理上的崭新、深刻的认识；另一方面也让我们深入细致地了解了目前关于这一问题最新的研究成果和研究动向，做到心中有数，避免拾人牙慧。"

尽管是课题研究的"老手"，之前也曾主持、参与过多项省、市级课题，但真正开启课题研究之旅时，聂智发现每一项课题都有着这样那样的问题和困惑。这一次，他所带领的课题组本以为准备充分，不会遇到什么坎坷和挫折，结果进入状态后却发现没有想象中那么简单。

聂智和他的团队的最大困惑，不是"工"与"学"的矛盾，不是研究经费问题，更不是团队的能力和水平因素，而是来自语文学科性质本身。他说："因为语文学科教学内容的不确定性，我们急需有一个相对明确的标准来评判我们确定的教学内容是否适宜。"

但找到这样的一个"明确的标准"谈何容易！最初的一段时间，他们费尽心思，却不知道从何处入手去制定这样一个想象中应该有的"明确的标准"，如镜中花，如水中月，似乎看得见，然而又实实在在地摸不着。有时，大家坐在一起讨论半天，却毫无所得。也就是在这时，课题组成员中个别老师开始对课题研究有了畏难情绪，觉得制定这样的标准、开展这样的研究应该是专家的事，和自己的实际教学关系不大，想打"退堂鼓"。

面对此情此景，聂智深知自己没有退路。于是，熬夜查阅资料成为他的不二选择。一夜夜地啃读，一页页地摘抄，一次次地讨论，一句句地修改，还真的制定出了一个"说得过去"的标准。

实践是检验真理的唯一标准。拿着这个当时感觉"具体而详细，具有可操作性"的标准审视语文教学，聂智和他的团队马上发现他们似乎陷入了另一个"陷阱"。参与课题研讨的老师，有课题组的成员，有学校富有经验的骨干教师,有走上工作岗位不久的教坛新秀,但大家把这个标准套用课堂教学时,都尴尬地意识到,这个标准过于烦琐,让散文教学无所适从。一位老师说:"没有这个标准,我还知道怎样上课;有了这个标准,我真的不知道该怎样上课了!"

为什么会这样呢?起初,研究团队百思不得其解。在经历一个个难眠之夜和一次次思维碰撞之后,他们终于明白了:受学生的不确定性影响,语文学科教学内容的本身存在不确定性,细线条的标准只能束缚老师的手脚。于是,他们选择了粗线条的标准,力求让散文教学简约而灵动。

思路清,方向明。之后,聂智带领团队反复地在课堂中实践,不断地磨课,高歌猛进,朝着既定的目标快速迈进。随着研究的深入,原来存在畏难情绪的老师发现,课题研究还真不是专家、学者的专利,普通教师通过研究照样可以提升自己的课堂效率和品质,提高学生的学习兴趣。一位课题组成员感慨道:"不做不知道,一做真奇妙。课题研究原来和自己的教学息息相关!感谢这次研究,让我见识了太多太多……"于是,整个团队的研究兴趣越发浓厚,研究积极性也越来越高,很多时候加班熬夜也乐此不疲。

有辛苦的付出,就有丰硕的收获。聂智和他的研究团队真研实做,圆满地完成了课题研究任务,专家审议给予了较高的评价。在这一过程中,聂智本人顺利通过考核,被评为中原名师。课题组成员及学校的几位老师,在 2017 年、2018 年的区级、市级优质课评比和"一师一优课"活动中,都在努力推广课题研究成果,选择散文教学,均取得了优异的成绩。聂智及其团队通过大量的实践活动,提高了他所在学校,乃至全区的散文课堂教学质量,真正"把散文教成了散文"。

三、心香绽放:课题研究知行合一

再次主持并完成省级课题,被评为中原名师,在外人看来,聂智太幸运了。很多时候都有人问他:"为什么你做课题那么容易呢?"每逢此时,聂智都会说:"课题研究,想说爱你不容易!"

也许,只有真正经历了课题研究洗礼的人,才知道课题研究的不易;

同样，也只有真正经历了课题研究洗礼的人，才能享受到课题研究的好处。近年来，聂智经历了数次课题研究的洗礼，每一次都有脱胎换骨之感。

访谈结束之际，笔者恳请聂智谈谈自己的课题研究感悟，传传"真经"。聂智稍作思索，提出了五方面建议：一是选题一定要务实，开口要小，这样既便于操作，也能激发大家的研究动力；二是研究过程的设计一定要细致，循序渐进，扎扎实实；三是大量的文献阅读是做好课题的保证；四是课题研究遇到困难时，主持人一定要充分发挥集体的智慧，集思广益；五是课题研究的过程中，一定要注意材料的搜集整理。

他说："无论在任何阶段，我对课题研究始终抱着一个认真的态度，因为通过每年两次在浙江师范大学的集中研修，我充分认识到：课题研究是从名师走向实践型教育家的唯一必由之路，所以我必须全力以赴。"

聂智睿智，聂智启智！他几十年的教学实践与研究经历，使他成长为全国"十佳教改新星"、全国语文教学先进工作者、中原名师、河南省名师。从他的身上，我们可以汲取许多营养：

第一，多读书是教师专业成长的捷径。全国著名特级教师高万祥曾说："书籍是学校中的学校，对一个教师而言，读书就是最好的备课。"聂智认为，读书是课堂教学的客观需要，"每一位优秀教师的成才之路都是用书籍铺筑起来的"。在一个阅读碎片化越来越严重的时代，作为教师，我们要读教育著作，读儿童书，读文学书，甚至读"无字书"，以书为梯，通向专业成长的乐园。要读教育著作，借此提升自己的教育教学专业素养，使自己的教学理念持续更新，教学行为不断优化，用自己的教育热情温暖莘莘学子；要读儿童书籍，从秦文君、曹文轩、杨红樱、沈石溪、乐多多、郑渊洁、孙幼军、梅子涵等作家的作品中感悟儿童少年天性，用心悟心，以情染情，直抵学生的内心世界；要读文学书，在繁重的教学任务之余，捧一册在手，走进名篇巨著，让自己沉浸其中，温润内心和灵魂；要读"无字书"，游历名山大川，结交优秀人才，开阔心胸，扩展视野，净化心灵。所有这些，或许看似与专业成长无关，但都将有助于教师的专业成长。

第二，重文本是教师专业成长的坦途。就如本文开头聂智所说"随着对语文学科性质、语文教学目的和任务的认识越来越清晰，我的教学越来越注重回归文本",注重回归文本,是聂智多年语文教学的经验总结。重文本,一定要带着学生真正走进文本,读懂文本。聂智在阐释他的教学主张时,曾有这样的论述:教师在阅读教学中可以引导学生从以下几方面去发现问题。首先,发现相同或不同。每一篇课文在结构安排、中心思想、人物描写等方面都各具特色,有的文章之间有相似性,而有的则刚好相反,存在差异。即便是同一文章下的人物或者景物描写也是如此,学生可以通过发现相似性、不同点去分析文章。其次,发现精彩。一篇文章的精彩之处往往也是这篇文章的经典所在,学生要在阅读的基础上发现文章的亮点,并且对精彩之处能够加以赏析。再次,发现信息。一篇文章所包含的信息量非常丰富,因为汉语博大精深,很多信息都隐藏在文字的背后,学生在阅读文本的时候就应该挖掘文本的深层含义。这是文本学习的有效方式,值得我们学习借鉴。2019年3月15日,聂智作为河南省基础教育教学研究室专家团队的一员赴方城县开展送教活动,受到了该县中学语文教师的热烈欢迎。该县中学语文教研员陈红艳在送教结束后表示,聂智不愧为中原名师,他的课追求语文教学本质,既重视文本,对文本的把握精准得当,又跳出文本,让学生获取学习语文的一般方法,为广大语文教师指明了课堂教学改革的方向。

第三,真研究是教师专业成长的正道。有人说,教师的专业成长有三条途径:一是依靠教师自然的积淀,二是依托培训的推动,三是凭借课题研究的驱动。最广泛的共识是,在这三种途径中,课题研究的力量最大,可以以最快的速度使教师从教书匠向教育家转变。但从国家、省、市、县各级立项课题看,个别教师并不是在真的做课题研究,而是抄课题、写课题,结果是劳心费力,充其量收获一张所谓的"证书",对自己的专业成长毫无益处。而以聂智为代表的名师群体,他们以严谨认真的研究态度,从教育教学实践中发现、确定真实的旨在解决教学问题、改进教学的研究课题,又结合教学实践进程开展行动研究,探索改革课堂、提升质量的策略和路径,不仅能够实现个人的专业发展,而且使莘莘学子广为受益,推动一方教育事业跨越发展,这才是课题研究的应有之义。

作为一线教师,我们也要像聂智等名师群体一样,带着对课题的敬畏之心开展研究。要做一个有心人,留心观察校园里发生的教育教学现象,形成基于教学的真实"问题链",使有价值的问题或经验在联系、解读中逐渐清晰起来,从而形成围绕某一主题的研究问题,并进一步结合教学实践开展真研究。

(李付晓)

参考文献

李世超. 用匠心追求专业成长[J]. 河南教育(基教版), 2017(11): 20-22.

突破教材局限　探索教学新路

2019年1月26—27日，孔冬青赴北京一零一中学参加第三届全国教师专业发展学术会议，并在第七分论坛"特级教师论坛——名师成长之路"上发言。会后，她感慨万分："一次历练，一次成长。这次大会的深度参与使我被强大的磁场吸引。我感觉自己被再次激发，深深体验到了积极向上的强大专业能量；我懂得了什么叫精益求精，什么叫一丝不苟，什么是教研的力量，怎样才能向下扎根、向上生长。"

这位来自河南省济源市济水一中的副校长、数学教师，先后主持和参与完成15项省、市级课题。其中，主持的省规划重点课题"在课堂教学中提高初中生自主学习能力的实践研究"获河南省基础教育优秀研究成果一等奖，主持的省教研课题"初中数学'综合与实践'活动课的教学策略研究"获河南省教育科研优秀成果一等奖，这些课题研究有效解决了教育教学中的难点，为教育同行提供了可借鉴的教育经验。

一、挚爱研究，助推成长

孔冬青的教学经历颇为丰富。1986年参加工作，分配到一所农村学校任教。5年之后进入济源市实验中学，一干就是18年，从一名默默无闻的普通教师逐渐崭露头角，成长为学校的教学骨干和远近闻名的名师。然后，她于2009年调入济水一中工作。如今，孔冬青作为学校业务副校长，不仅承担着繁重的教学管理任务，还从事数学教学工作，每天都要从早忙到晚。

不管任教的学校、职务如何变化，孔冬青始终一心扑在教学上。她是一个倾情在课堂、用心在教学的人，思考、研究、实践、探索是她教育人生的底色。尤其值得一提的是2002年，济源市教育系统开始轰轰烈烈地推行课程改革。这为孔冬青与同事们走出去学习提供了机会和平台。在课程改革的历程中，孔冬青逐渐走上了"从学科教学到学科教育"的道路。她说："原来我局限于自己的学科教学，现在我从自己的学科教学中不断挖掘学科教育价值，培养学生能力，努力为学生将来人生的发展铺就亮丽的底色。"

伴随这一进程和变化的，既有她对教育的一腔挚爱，也有她持续不断的研究和反思。早在2001年，参加河南省百千万工程中的学科带头人培训时，孔冬青就曾主持过一项"在初中数学课堂教学中充分运用现代教育技术培养学生创新能力"的课题，由省教育厅立项，于2002年结项。虽然由于当时课题中研究的现代教育技术还是以投影为主，局限性太强，对以后的教学产生的影响不大，但是探索尝试完成课题研究的过程及在其中取得的经验却是极其宝贵的，为她今后的课题研究奠定了基础。

2006年至2015年，孔冬青先后主持和参与省、市级研究课题11项，其中她主持的省规划课题"情感教学与数学语言的培养"于2010年9月结题；参与的省规划课题"依托中学综合素质评价体系引领师生健康成长实践研究"于2015年8月结题，于2016年8月获省教育科研优秀成果二等奖；主持的省规划重点课题"在课堂教学中提高初中生自主学习能力的实践研究"于2015年7月结题，于2016年8月获省教育科研优秀成果一等奖。各类课题的研究，不仅提升了孔冬青的研究意识，使她能够用研究者的眼光看待教育教学中的热点问题，而且为她的数学课堂教学插上了"翅膀"，她所教班级的数学成绩在全市名列前茅，一个班中曾有3名同学位列中招成绩全市前10名。

熟悉她的人都知道，这样的成绩不是偶然得来的，而是在反复研究、实践、反思基础上结出的硕果。研究，使孔冬青热烈而又理性地思考、探究数学教学，就如她在2018年豫浙名师论坛上所说的："新一轮课程改革重点关注的就是教什么的问题，教材给我们提供了教学的蓝本，但并不是就教材教教材，而是要仔细斟酌课标要求，统揽不同版本的教材内容，研究知识的发生发展过程，让学生了解知识系统……"

研究不仅使她的学生受益，更助推了自身的成长。在持续研究的进程里，孔冬青也逐渐成长为济源市数学教学的领军人物，并走出济源，走向河南，走向全国。她获得了河南省优质课一等奖，两次获得河南省教学技能竞赛一等奖，撰写的数十篇论文发表在省级以上学术期刊上，并收获了省、市级多项荣誉称号。

二、专注教材，专题研究

入选中原名师培育对象，是孔冬青教育人生的一次飞跃，因为这次入选，绝非简简单单地获得一项耀眼的荣誉，而是意味着必须在原有的基础上更进一步，只有实现毫无异议的"弹跳"，才有可能与这一荣誉相配。

课题研究是这次"弹跳"的最关键环节。课题成功，"弹跳"成功，一飞冲天；课题失败，"弹跳"失利，丧失时机。

选择什么课题呢？这也是摆在孔冬青面前的一个绕不开的问题。课堂？学生？教法？评价？信息技术？……一个又一个的想法在脑海中掠过，又一个个被排除掉。茶不思、饭不想，"为题消得人憔悴"。"踏破铁鞋无觅处"，而又"得来全不费功夫"。一天，孔冬青在备课时翻阅到了数学课本上"综合与实践"的内容，一下子点燃了她思维的火花。那一刻，她的心中一阵狂喜："就是它了！"

其实，关于初中数学中的"综合与实践"，她一直有着太多的思考和遗憾。

2010年和2011年，孔冬青曾两次聆听北京大学附属中学张思明老师的讲座。张老师带领学生用数学的眼光看待生活中的问题，巧妙地运用数学知识解决生活中的问题，简直是"玩转了数学"，给孔冬青留下了深刻的印象。在中原名师的培训中，孔冬青对数学"综合与实践"教学再次有了新的认识。她意识到，与"新一轮课程改革强调培养学生的创新精神和实践能力，课程标准由原来的'双基'改成了'四基'，而增加的基本思想方法和基本活动经验必须在学生参与学习、主动研究的基础上获得"相对照，"综合与实践"领域是基础教育中学生进行实践性、探索性和研究性学习的主要渠道，它的落实对于数学课程的发展和数学教学的改革至关重要，也是初中数学课程建设不可或缺的重要组成部分，更是培养新世纪人才的基石。

熟读教材的孔冬青早就发现，"综合与实践"课程难以把握，需要的人力、物力大，耗时多，可借鉴的资料几乎没有，中考涉及内容很少。而谈到这一领域，不少教师都觉得不好把握，不好操作。迄今为止，"综合与实践"这一领域的教学仍旧非常薄弱。大多数学校把中考中涉及的内容按传统教学的方式教给学生；对中考不涉及的内容根本不看。因此，目前"综合与实践"这一领域课程资源仍很缺乏。

孔冬青介绍，当时她在中国知网检索篇名包含"初中数学'综合与实践'"的论文有87篇，而篇名包含"初中数学'综合与实践'的资源开发"的论文仅有6篇，可见，当时我国在初中数学"综合与实践"资源开发上的研究很少。另外，这部分内容的实施现状令人担忧，或用"课下有兴趣的同学可以看看"一句话搪塞过去，或把课堂教学能操作的当成练习题处理，忽略学生探究的过程，完全违背了课程标准对这个领域的教学要求。

基于这些认知和考虑，孔冬青决定，要做一回"炼五彩石"的"教坛女娲"，补一补数学教材关于"综合与实践"方面在实施中的"漏洞"。她说："新一轮课程改革重在落实教育的立德树人根本任务，强调学生核心素养的培养。作为一个教育者，应该让学生对自己所教的学科产生兴趣，能够体会学科的教育价值，落实学生核心素养的培养。"

可以说，之所以能促成"初中数学'综合与实践'的资源开发与实践研究"这项课题，正是孔冬青长期关注教材、研究教材的结果，更是她关注学生发展、研究学科素养培养的结果。

三、研究务实，成果丰实

虽然严重的颈椎病给孔冬青制造了不少的困扰，但她不为所动，完全依靠顽强的毅力坚持下来，学校教学业务管理、班级数学课堂教学、课题研究"一个也不能少"！她说："路虽远，行则必达；事虽难，干则必成。既然选择了这项课题，再苦再难也得做下去。"

为了确保课题顺利立项，孔冬青反复研读《义务教育数学课程标准（2011年版）》中对"综合与实践"模块的教学要求，深刻领会其精神实质。她再次学习了张思明老师的《用心做教育》，再次聆听了他的报告录音，学习他对这一模块教学的研究和他对数学建模思想的研究。当时，她在中国知网上搜索了有关"综合与实践"方面的文章，阅读了国内外一些文献资料，但有关初中数学"综合与实践"的资料只找到了江苏常州教研室杨裕前等研究的课题"初中数学综合与实践活动研究"的结题报告。对此，孔冬青如获至宝，反复阅读，并千方百计找到了当地所使用的由杨裕前和江苏省教研室的董林伟作为主编编写的七至九年级《数学综合与实践活动》，学习他们的编写体例。

然而，课题研究的路终归不是一帆风顺的。很多时候，人的因素反而成了最为关键的因素。在课题研究中，孔冬青遇到的最大麻烦就是课题组成员的积极性和主动性不强。她说："我也很理解他们。一方面，每个人都承担着极其繁重的教育教学任务；另一方面，'综合与实践'是一个平时较少关注的相对比较陌生的领域，大家多多少少会有畏难的情绪。"但她绝对不是轻易打"退堂鼓"的人，而是"明知山有虎，偏向虎山行"的人。

课题获准立项后，为了统一认识，孔冬青利用名师工作室开展了区域学术研讨活动，主题就是关于数学"综合与实践"的教学研究。这次活动，除本校教师参与外，还让济水一中的6个联盟校的数学教师参与。她和工作室的黄海平老师分别上了一节数学活动课"图形中的规律"和"平面镶嵌"，然后让听课教师分组研讨两节课，目的是想让大家懂得每一章后面的数学活动课应该如何上，它和平时的常规课有什么区别，这样的课怎样激发学生的兴趣，怎样让学生亲历探究过程，形成能力。

在两节观摩课的基础上，孔冬青精心准备，又作了一个多小时的关于数学"综合与实践"的资源开发及教学实践的报告，阐述了数学"综合与实践"对学生认识数学、体会数学学习的价值，改变学生对数学学科的片面认识，改变学生的数学学习方法等方面的重要作用；讲解了学科教学如何关注学生的发展，关注学生的学科素养的培养，关注学科教学如何落实学生的核心素养，实现教学相长等。在报告中，她以张思明老师的成就引导大家改变教学观、学生观，叙述了他是如何研究生活中的数学的，引导大家学会用数学知识解决生活中的实际问题，学会发现生活中的数学。她说："这场报告我作得很用心，算是课题研究的总动员吧。"

紧接着，孔冬青又精心组织了开题报告。在开题报告中，她进一步阐释了课题的研究价值、理论意义和实践意义，明确了课题的研究目标、内容、方法，对课题研究作了详细的规划，进行了合理分工。至此，课题组士气高涨，大家都信心满满。

但在具体运行过程中，再次出现波折。面对每月的抽考和期中、期末考试排名，一切似乎都又回到了原点，课堂上老师们仅将目标锁定在知识点的掌握，而不管知识的来龙去脉，让学生通过大量练习达到强化记忆的目的。"综合与实践"模块的教学又回归到原来的状态，还是采用讲授法，该让学生探究的不让学生探究，仅仅完成课本上的数学活动，对于生活中的数学资源开发非常被动。

每每此时，孔冬青都有一种深深的挫败感。面对这样的情况，她心急如焚，一度心灰意冷，甚至后悔选择这样一个课题。

2016年，孔冬青到山东考察学习。几个学校转下来，她感触很深，尤其是一名小学数学教师的数学"综合与实践"活动的案例对她启发很大。回到济源后，她利用这个老师的课件详细给课题组的老师讲他们的"综合与实践"研究带给学生的变化，又从自己学生的数学学习状况分析，让大家明白学生学不会的根源不在学生而在教师自身，只有让学生成为学习的主人，教学才会真正有效；只有让学生真正爱上数学，学习才能成为他们的乐趣。这个具体鲜活的案例触动了课题组的老师们，让老师们再次深思，每个人写了感悟和反思。孔冬青乘势而上，再次明确研究任务，要求课题组分年级开发"综合与实践"的资源，同时积累平时的"综合与实践"教学案例。之后，孔冬青还通过各备课组之间开展资源开发比赛、"综合与实践"模块的课堂教学展示等活动，不断调动大家参与研究的积极性，也让老师们在研究的过程中感受到了学生学习数学的变化。

一边学习，一边研究；一边解疑释惑，一边带头实干。就这样，在孔冬青的组织带领下，济水一中课题组最终"炼五彩石"成功，取得了丰实的成果，主要有：(1) 形成了一套符合学生实际的"综合与实践"的教学资源。依托人教版教材开发整理七、八、九年级"综合与实践"课例资源29节，包括数学活动类26节和课题学习3个。(2) 归纳了数学活动类"综合与实践"课堂教学流程，课题学习类的研究流程。(3) 探索了"综合与实践"教学的评价方式。(4) 通过课题研究，提高了学生对数学学习的兴趣，使学生能够在课堂中积极参与，大胆展示；提高了数学教师的数学素养和研究意识。2016年9月，"初中数学'综合与实践'的资源开发与实践研究"课题顺利结题；2017年9月，获河南省基础教育教学研究项目优秀成果一等奖。同时，在2017年济源市校本课程优秀成果评比中，课题组老师开发的"生活中的数学"获得了一等奖。

虽然再一次获得课题研究的成功，但孔冬青没有沉浸在愉悦中，而是全面盘点自己的研究。她说："通过课题研究，我感觉自己从四个方面获得了成长：一是懂得了严谨、规范。课题研究要求数据精准，表述规范。这就是科学态度，过去看待一件事总是凭感觉，现在学会了用数据说话。二是养成了善于思考的习惯。过去在教育教学中看到一些现象，往往不去追究。现在学会了思考，习惯问为什么，应该怎么做。三是养成了学习的习惯。在课题研究过程中，发现自己理论水平很低，需要查阅很多资料。在查阅资料的过程中，学会了向书本学，也看到了书中有太多我们想要的更是急需的知识，知道了学习的重要性。四是培养了高标意识。通过课题研究，经常反思自己的课堂教学，改变了自己的教学观和学生观，眼睛不再仅仅盯着学生的成绩，而是能够真正立足学生的发展，在学生的素养提升方面下功夫。"

孔冬青感觉自己的成长更快了，自己的收获更大了。她全面回顾自己前些年提出的"双本课堂"教学主张，系统整理了《构建"双本"数学课堂——我的教学主张》，详尽阐述了"双本课堂"的构建、实践和思考。结合近两年反思学科核心素养在课堂教学的落实，她撰写了《立足数学教学本质，教给学生数学思维与方法——我的教学主张》，提出关注数学教学的本质，在数学教学中研究数学思维与数学方法等学生关键能力的培养。2018年4月，她入选了教育部"国培计划"中小学名师领航工程，这是她教育生涯的又一个新的起点。在导师指导下，她的立项课题"基于核心素养的初中数学教学核心问题的实践研究"目前已经开题实施。

孔冬青和她的研究团队以课题为助推器加速成长的故事，为我们带来了一些有益的启示：

首先，研究教材的视角应指向结合实际改进教学。孔冬青和她的研究团队，在教学实践中发现初中数学"综合与实践"领域教学存在亟待改进的实际问题，如果不充实"综合与实践"教学资源，这一模块的教学将依然是无源之水、无本之木。因此，她带领研究团队努力开发"综合与实践"教学资源，为初中数学教师改进教学提供帮助。这就告诉我们，在研究教材时，不仅仅要研究如何更好地利用现有的教学资源，"锦上添花"优化教学，也要有足够的勇气，立足本区域实际更好地开发教学资源，"雪中送炭"般地助推教学。

其次，研究课题要从自身从事的教育教学实践中来。孔冬青的研究课题，比如中原名师培育期间的"初中数学'综合与实践'的资源开发与实践研究"，在中小学名师领航工程班的立项课题"基于核心素养的初中数学教学核心问题的实践研究"，都是在她自己从事的初中数学教学实践中发现的问题里确定的。作为一线教师，我们也应像孔冬青一样，在教学中发现问题、梳理问题，将其中具有研究价值的问题课题化，然后制订研究方案，在教学中解决问题，逐步形成一般策略并加以推广，进而达到提高教育教学质量的根本目的，这是课题研究的应有之义。也就是说，课题研究必须立足于自己的教育教学，能解决教育教学中的热点和难点问题，这样的研究才能让自己和学生受益，才能通过研究提高自己的教育教学能力，提升自己的专业素养，尤其是获得成就感，提升职业幸福感。如果只是为完成任务而搞研究，那么研究往往会成为一种负担。

再次，只有扎实开展研究活动才能实现专业发展。孔冬青做课题研究的态度十分端正，非常严谨，她一丝不苟地带领课题组攻坚克难，结合初中数学教学的实践制定研究规划，不折不扣地落实研究规划，观课议课、专题讨论、案例分析、教学检测、数据统计……每一项都细致入微，每一项都扎实真实。正是因为如此，她本人和研究团队的每一个成员都在专业上实现了快速发展。反观个别教师，课题研究的主要目的是为了一纸证书，立项后就不再管，到中期总结阶段才想起来什么也没做，于是加班补做，到该结题时再拼凑一些材料，这样的课题研究对教师的专业成长起不到任何作用。一个课题组，只有把课题研究贯穿于日常教学中，大家才会积极地研讨，才会不断观察、反思、总结、提升，积累大量过程性材料，在结题阶段水到渠成，而且整个研究过程能够实实在在感受到自己的成长，感受到研究带给自己的幸福。

然后，开展研究活动要在凝聚合力上下功夫。孔冬青的教科研能力很强，并且尚在"更优秀的人"的引领下持续提升。在研究进程中，她始终注重凝聚团队合力。在课题组成员消极时，她没有选择放弃，而是寻找各种契合点做大家的思想工作，给大家做专业辅导，使团队里的每一个人都能看到研究的前景，从而信心百倍地投入研究当中。因此，我们一线教师做课题研究一定要发挥所有课题组成员的作用，让大家共同参与，每月至少有一次课题研究推进会，每次推进会要有具体研讨内容：或是一个月来成员在课题研究方面所做工作的进展，取得的收获，存在的困惑，以及下一步的研究措施和任务；或是根据课题的研究内容进行课例研讨，针对问题提出解决办法。每月的推进会要以简报的形式形成文字资料。简报既可以作为课题研究过程性资料的一部分，也可以促进研讨活动的规范、有效。

最后，要高度重视课题研究成果的推广应用。孔冬青"不藏私"，她和研究团队关于初中数学"综合与实践"的课程资源已经成为全校数学教师的"公物"，每一个人都可以学习、借鉴、使用，对改进全校数学教学起到了积极的促进作用。时至今日，区域内的其他学校也有很多老师在学习，课题研究成果得到了应有的推广。很多课题往往是止于研究，不注重成果的推广使用，从而使得课题成果"养在深闺人未识"，这是不可取的，也失去了研究的意义。因此，课题研究要能够带动更多的人，至少要在全校的学科组里进行通报，一是让更多的人参与并贡献智慧，二是让研究成果为其他教师提供有益的指导和帮助，发挥最大的效益。

(李付晓)

研透用活教材　促进专业发展

教材是依据课程标准编制的、系统反映学科内容的教学用书。教师教学，要依据教材；学生学习，要依靠教材。教材堪称连接教师和学生的桥梁，伴随着每一名教师职业生涯的始终。

天津市教育科学研究院王敏勤教授认为："把握教材，是一个教师永远的基本功。"[1] 中原名师们的成长历程告诉我们，一名普通的教师能够成长为学生爱戴、家长满意、社会尊重的名师，与其高度重视教材、研究教材、把握教材和创造性使用教材息息相关。

一、在教学实践中形成教材观

"一年站稳讲台，三年独当一面，五年成为优秀教师，十年成为教学名师。"在新入职教师的培训中，各地教育行政部门都提出过清楚而具体的要求。与一般教师相比，名师们刚入职时并没有异于常人，但是随着时间的推移，他们逐渐脱颖而出，五年之后，已经与一般教师迥然不同。

对于天天使用的教材，一般教师往往并没有什么特别的感觉，只是对照教师教学用书或者现成的教学案例集日复一日地备课、写教案，对教材没有清晰的认识。而"未来的"名师们都比较关注教材，喜欢琢磨教材，总在思忖如何使用教材更有助于学生掌握知识、发展能力、感悟思想方法。在长期的实践、思考和探索过程中，他们逐渐形成对教材的目标、内容、结构以及其在实际教学中的作用的基本看法，即教材观。这种明确的教材观，不仅关系到他们对教材的态度及处理方式，还影响着他们在课堂中的教学行为。

对省、市、县各级名师开展问卷调查的结果显示，名师们的教材观呈现出诸多方面的共性特征：第一，在教材目标的指向上，大多数名师倾向于人本取向，认为教材的首要目标是服务学生，促进学生全面发展；同时，兼顾社会取向，体现为为社会发展培养所需要的人才。第二，在教材内容的选材上，各个层级、各个学科的名师一致认为，选材在呈现学科基础知识和基本技能时，要尽可能地贴近学生现实，考虑学生的认知水平和活动经验，内容的设计要有弹性，既要面向全体学生，又要考虑学生的差异，满足学生的不同需求。第三，在教材结构的编排上，绝大多数名师对现行教材螺旋式编排、分散教学难点的方式表示满意，但对其中的个别章节也希望进一步加以改进，以便使学生更好地学习和掌握。第四，在教材使用的方式上，几乎全部名师都有对教材补充、调整或重组的经历，其目的都在于使学生更好地理解和学习基础知识和基本技能。在教学中，绝大多数名师还能参阅除课本和教师教学用书以外的其他参考书，并按照自己的理解使用参考书，对其中给定的教学方法进行创造性处理。

研究表明，名师们一方面理解和尊重教材，能以自己特有的视角看待教材，充分挖掘教材的内涵，注重通过自身深入的研读进行教学设计，向学生传授知识，培养能力，发展学生的核心素养；另一方面，能以理性的态度对待教材，认为教材不是法典，在教学时"用教材教"而不是"教教材"，通过生活化、问题化、活动化、系统化、最优化等方式创造性地使用教材，超越教材。

二、在深度研究中熟练地把握教材

以郑州外国语学校管城校区司德平、商丘市五中聂智、济源市济水一中孔冬青等中原名师为代表的名师群体，都能在长期的教学实践中坚持不懈地研究教材。他们凭借有目的、有意识的研究，熟练地把握所教学科教材，为高效地开展教学活动奠定了坚实的基础。名师群体研究教材的主要途径和策略表现在以下五个方面：

1. 在整体把握中统揽教材

在对教材的理解和把握上，名师与一般教师最大的不同在于具有整体观念。首先，名师对所教学科的课程标准理解透彻，特别是对课程标准中任教学段的基本要求烂熟于心，对在教学实践中如何落实这些要求成竹在胸，并将新课程改革的理念转化为教学行为，在教学中时时处处得到体现。其次，名师们能够理解所教学科的整套教材的编写意图，熟知教材的编写体例，对整套教材中包括的知识以及这些知识编排的逻辑线索，教材所蕴含的能力体系和价值体系等了如指掌。最后，在整体把握教材的前提下，名师还会逐步细化，具体把握一册教材、一个单元教材、一节教材或者一篇文章。

2. 在纵横对比中理解教材

一方面，受教育目标与价值观念的影响，同一个学段、同一个学科的教材，在不同的国家中存在着较大差异，国内不同的版本也存在着编写体例、选用内容与呈现方式的不同。这些差异和不同意味着什么？在教学中会对学生产生什么样的影响？彼此之间有什么可借鉴之处？怎样做才能使自己的教学汲取众家之长？这些都是名师所关注的话题。以郑州外国语学校管城校区司德平为例，他不仅研究国内的物理教材，还研究美国、澳大利亚等国家的物理教材，透过域外教材审视现行教材，启示学科教学，发表了《例评美国高中物理教材的特点》《澳大利亚新南威尔士州的高中物理课程》等论文。另一方面，鉴于学生发展阶段性等因素影响，现行教材难度呈螺旋式上升，同一学科在不同学段的教学内容分别有哪些？它们之间有什么样的联系？呈现方式有何异同？在教学时如何将不同学段衔接起来？……这些也是名师关注的话题。仍以司德平为例，他长期从事初、高中物理的衔接研究，在初、高中物理教材的比较中厘清教学的目标及重难点，在课堂教学中精准施教，教学效果显著，并发表了《初、高中物理台阶的探讨》《初、高中物理教材内容的比较》《初中物理教学中如何与高中物理有效衔接》等论文。

3. 在发展变化中洞察教材

时代在发展，教育也在随着时代的发展而发展。随着教育政策的变化、教育理念的更新，作为连接师生之间的桥梁，教材也在不断地改版、修订。教材的每一次改版、修订，都必然涉及教学目标的调整、教学内容的增删、教学难度的升降、教学方式的转变等。对此，名师们都具有十分突出的敏锐性，他们往往善于从新旧教材的对比研究中捕捉教学的导向，从而精准把握教材，向学生传递最新的变革信号。司德平无疑是这方面的高手。《对九年义务教育初中物理（人教版）教材的探讨》《建国后我国中学物理教学大纲的变化规律》《高中物理人教版课标教材与大纲教材内容的比较研究》《全国高考课标版与大纲版——物理考试大纲内容及要求的比较》《人教版高中物理课标教材第3版的变化》等一批高质量的论文，就是他研究教材的发展变化的结果。

4. 在关注细节中解读教材

"教材是由细节构成的，每一个细节都是教材展开的生长点，把握这些生长点就是解读教材的良方。如果教师能在课堂教学中关注教材细节，怀着一颗敏锐的心，追求教学的合理化、智慧化、精确化，就一定能演绎精彩课堂教学。"[2]的确如此，作为教师要想科学合理地向学生传授知识，必须深钻细研教材的细节，不仅要关注文本，还要关注教材的旁白、插图、注释、章节引言、课后习题、知识链接等细微之处，更需要透过文本的表面深入到其中挖掘蕴含丰富的思想内容，只有这样才能全面、准确地理解教材，教学活动才不至于失之偏颇。观察、研究身边的名师，可以发现这是他们共有的特质。

5. 在模块探究中梳理教材

研读各个学段的教材可以发现，不同学科的教材在编写上有着一个共同之处，即每一个学科教材都是按照一定的模块编写而成的。这种螺旋式的编排，可以较好地分散教学内容的重难点，便于学生的理解和接受。以小学数学教材为例，尽管版本不同，但基本上都是按照"数与代数""图形与几何""统计与概率""综合与实践"四个模块编排的。这四个模块，每一块都各有特点，在教学时要遵循它们自身的规律。与一般教师相比，名师群体更善于探究不同模块教学的客观规律，将其与学生的认知特征相结合，在课堂教学中灵活施教、科学施教。以商丘市五中聂智为例，作为"生本语文"的践行者，他非常关注教学内容的研究，提出了"语文教学内容应该是具有温度的内容""语文教学要教语文的内容""语文教学要教学生需要而且目前可以接受的内容"等观点，这是从整体上而言的。近年来，他把研究的视角投放到各种不同的文体中，聚焦不同文体的教学内容应该如何确定，一个模块一个模块地解决问题，使教学内容更具体、更准确。

三、在深思熟虑中创造性使用教材

如何使"静止的教材"走向"活生生的儿童"，在"用教材教"中完成教学任务，是每一名教师都面临的巨大挑战。由于对课标的深刻理解和对教材的深度研究，名师在使用教材时能够既深入教材，又跳出教材，在深思熟虑的基础上设计教学方案。在依托教材开展教学活动时，他们树立"创造性地使用教材"的理念，不盲从，敢质疑，能够结合教学目标适度增删教材内容，对相关教材内容合理重组、整合，从现实生活中引入鲜活的教学素材，把教材用好、用活、用实，从而使课堂教学更加灵活、生动，更符合学生的认知发展规律，更易于为学生所接受。

1. 大胆质疑

具备批判和质疑精神，是一般教师成长为名师必不可少的基本素质之一。在他们眼中，教材是由在学科教育教学方面具有深厚造诣的专家学者、一线优秀教师共同编写的，既然是人编写的，就难免会存在缺憾、漏洞。作为教师，在使用教材时，要以理性的态度研究教材，发现教材中存在问题时，要敢于挑战权威，勇于质疑问难，通过广泛的研究和讨论获取正确的答案，传递给学生最科学的教学内容。如一位名师在教学四年级数学"积的变化规律"这节课时，发现教材中是这样陈述的："一个因数不变，另一个因数乘（或除以）几，积也乘（或除以）几。"这位名师根据"0不能做除数"，认为教材中的这个表述是不规范的。于是，他在教学时特意向学生强调当"除以几"时，务必要注意"0除外"；同时，还通过各种渠道向教材编写单位反映这一问题，得到了认可，教材再版时也添上了"0除外"。

2. 适度增删

在使用教材备课时，考虑现实学情等因素，有着丰富教学经验的名师善于针对学情对现行教材进行适度增删。比如，教材限于篇幅往往在编写概念、公式、规律等内容时言简意赅。对此，名师们的做法就是增加素材，让学生充分获得大量的感性认识，从而抽象出概念、公式、规律等。而在使用文科教材时名师们能够根据文本搜集相关的背景材料，让学生在熟知背景中准确理解文本。而对学生便于理解或已经掌握的内容，名师们也敢于删繁就简。

3. 有效重组

多数教师在使用教材时一般都是循着教材的编写顺序进行教学；而名师则有着属于自己的特有思考，他们在全面把握整套教材的基础上，在教学时能够综合考虑学科知识的逻辑结构、学生的心理发展特点和认知规律，结合现实学情对教材进行再处理、再加工，能够打破教学固有的编排体系，将前后联系紧密的学科知识调整顺序、重新组合，使之更有助于学生的接受和理解。

4. 引入生活

在编写教材时，各学科教材的编写者已经充分考虑学生的认知水平和活动经验，在反映学科本质的前提下，着重选择贴近学生的现实，以利于学生经历从现实情境中抽象出学科知识和方法的过程。名师们敏锐地发现了教材编写的这一明显特点。在使用教材备课设计教学方案时，他们准确地把握教材的编写意图，除教材中已经呈现出来的与生活息息相关的例子之外，还能够尽可能地加强学科与生活之间的联系，让学生在熟知的生活场景中学习，既能使学习材料鲜活生动，易于为学生所理解接受，又可以让学生体验学习的价值，增强学习的积极性和主动性。以北京市第二实验小学华应龙为例，他十分善于从学生的生活中引入教学素材。在教学小学四年级数学"角的度量"一课时，他将孩子们玩过的"滑梯"引入课堂，在"司空见惯的场景中发现了有价值的数学问题"[3]，引导学生在第一个滑梯（倾斜度比较小）、第二个滑梯（倾斜度较大）、第三个滑梯（倾斜度很大）的比较中发现需要"测量角的大小"。

四、在严谨审慎中建言教材

长期关注教材、研究教材、使用教材，用心的教师就能逐渐了解、掌握教材的编写原则、体例、组织结构和注意事项，逐渐习得编写教材的意识、方法、能力。研究名师的成长轨迹可以发现，他们中的相当一部分都有参与教材编写的经历，因为他们身处教学一线，更加了解师生的所需所求，编写的教材在内容安排上、素材选取上、呈现方式上等方面更加符合教学实际。

1. 建言国家教材

国家教材的编写是一个系统工程，凝聚着广大专家学者的心血和汗水。作为一线教师，虽然不能直接参与国家教材的编写工作，但可以结合教学实践经验，为国家教材的编写提出意见或建议，或者通过研究发现教材中的问题，与编者商榷，以促进教材的改进。比如，原来的人教版二年级《数学》下册中有这样一道题："用三枚硬币可以组成多少种不同的币值？"（题下附有1角、5角、1元三枚硬币）。有名师研究后提出建议："根据题目，在教学中估计会出现孩子们不是用下面的1角、5角和1元三枚硬币，而是自己随便拿三枚硬币来组成币值的现象。"教材编写者采纳了这一建议，在正式印刷本教材中加了两个字，题目变成了："用下面三枚硬币可以组成多少种不同的币值？"但又有名师提出："如果在这三枚硬币中只拿一枚硬币，算不算'组成'？"最终，这个题目变成了："从下面三枚硬币中取硬币，一共可以取出多少种不同的币值？"这个题目的不断完善过程，其实就是名师建言献策的结果。

2. 参编地方教材或读本

地方教材是地方课程的有形载体，传承的是具有地域特色的课程资源，一般由区域教育行政管理部门组织编写，具有服务于地方、立足于地方、归属于地方的属性。区域教育行政部门要实施地方课程，必然要组织专业人员编写配套教材。这里组织的专业人员，除聘请专家学者外，一般还要聘请区域内的名师。这些名师既有相当的基本理论素养，又有长期的教学实践经验，他们编写的地方教材更受学校师生的欢迎。

3. 自编校本教材

自编校本教材，是名师们编写教材的最直接方式。在各地各级各类学校中，为了实施已经确定的校本课程项目，校方都要组织名师围绕某一特色、某一板块或某一专题编写校本教材。名师无疑是编写校本教材的主力军。以济源市济水一中孔冬青为例，她和她带领的研究团队发现现行的初中数学教材"综合与实践"这一领域课程资源严重缺乏。为此，他们开展了"初中数学'综合与实践'的资源开发与实践研究"课题研究活动，依托人教版教材开发整理七、八、九年级"综合与实践"课例资源29节，编写了校本课程"生活中的数学"，获得了济源市校本课程建设优秀成果一等奖。

总之，教材为教师的教学活动提供了教学主题、基本线索和知识结构，是实现学科教学目标、实施学科教学的重要资源，也是伴随教师教学生涯的"永远的伴侣"。一名教师，从入职到退休，最常读的书永远都是教材。一名教师要想成长为师德高尚、业务精湛的名师，就必须从关注教材、研究教材做起，进而能够创造性地使用教材，甚至可以编写教材。正因如此，我们可以明明白白地说：名师，在研究教材中实现专业成长。

（李付晓）

参考文献

[1] 王敏勤. 把握教材是教师永远的基本功 [J]. 天津教育，2007（7）：16-17.

[2] 王刚，陶煜瑾. 关注教材细节，演绎课堂精彩：记评优课"正切函数的图象与性质" [J]. 中学数学月刊，2015（4）：39-40.

[3] 华应龙. 我就是数学 [M]. 上海：华东师范大学出版社，2009.

第三章
基于课堂研究 提升名师实践能力

课堂是学校教育教学工作的主阵地，也是名师提升实践能力的战场，教师通过这个主阵地向学生传授基础知识，形成基本技能，发展基本能力，落实核心素养，促进个性发展，从而全面实现教育教学目的。可以说，驾驭课堂能力的高低是教师课堂教学成功与否的关键，而较高的课堂驾驭能力是提高教育教学质量的基本前提。在中原大地上，有这么一群人：他们几十年如一日，始终奋战在教学一线，讲台就是他们的人生舞台。他们是一群扎根在课堂，研究在课堂，成长在课堂并带动区域教育发展的名师。课堂，是他们成就学子的平台，也是他们实现专业发展的舞台。在本章中，让我们走近郑州市金桥小学宋君、郑州市经纬中学小学部董文华、南阳市油田实验小学刘娟娟、濮阳市子路小学张素红等中原名师，用心聆听他们的课堂故事，相信会给大家带来诸多启迪！

用心课堂研究　引领智慧成长

访谈时任郑州市金水区实验小学副校长的中原名师宋君时，他说："学生在校的学习活动更多在课堂。作为教师，只有走进课堂，关注学生的发展，才能促进学生整体素质的提高，所以我们要关注课堂，走进课堂，在这个过程中不断提升自我的专业发展。"从教二十余年，宋君始终关注课堂，教在课堂，研在课堂，在课堂中引领智慧成长。

一、在反思中历练自我，不断成长

参加工作后，宋君在郑州市金水区文化路第一小学任教。回顾这段经历，他说："现在想来，促进我在参加工作的第一个五年中快速成长的，应该是广泛阅读与书写反思。"

彼时，正是人生中精力最为充沛的阶段。宋君如饥似渴地学习，汲取着教育人生中的精华。为了准备好一节课，他总是待在图书馆反复查找资料，在办公室准备到深夜，在电教室一次次地试讲……在一次次"磨课"的过程中，宋君快速地成长着。

他静下心来把12本小学教材进行了通览，又阅读了许多名家教学艺术的图书，思考如何"为我所用"。每学期下来，厚厚的七八本教学设计是他最认真的思考，印证着他不断成长的过程。更难能可贵的是，从开始教学，他就尝试在每篇教学设计的后面记下自己在课堂中的所感所悟，渐渐地，书写课后反思成为他的一种职业习惯，他快乐地坚持着。时至今日，他已经有近300万字的课后反思，先后在各级报纸杂志上发表了200篇教育教学文章。

回顾这个过程，他深感反思对于教师专业成长的促进意义。他始终认为："作为教师，无论他们的思想是多么贫乏，表达是多么笨拙，当他们拿起笔进行书写时，他们就会变得更有智慧。"

二、在读书中汲取营养，自我完善

胸怀大志的人有一个共同特点，那就是善于自我加压。这一点，在宋君身上展露无遗。2001年，郑州市金水区作为国家级首批课改实验区走进新课程。当看到课改年级的老师带着孩子们生动快乐地学习数学时，宋君暗下决心，虽然自己任教的是非课改年级，但也要用课改的理念去实施教学。面对新理念和老教材的落差，他越来越觉得自己需要读书，从《走进新课程》《新课程中教师行为的变化》到《教师反思的方法》《教师如何做研究》等。在读书过程中，他有了更多的思考，逐渐学会在读书中读懂自己，不断对照反思自己的教学行为。

课改后的教学，给教师的教和学生的学留下了很大的空间。宋君发现，学生思维特别活跃，总有问不完的问题。学生经常会谈论课本以外的内容，如笛卡儿、高斯等数学家的故事，加德纳倒水游戏，《九章算术》中的"盈不足"，《张邱建算经》中的"百鸡术"等。每每这个时候，他都会提醒自己，要广泛读书，不断完善自己的知识体系，拓宽视野。于是他开始广泛阅读一些有关数学史、数学趣味故事的图书，在课堂上结合教学内容时不时给学生拓展一下，学生颇感兴趣。

他逐渐明白：读教育名著，可以聆听大师的声音，提升教师们的实践智慧，并从中找到理论的支撑；读专业学科的书籍，可以让教师们的教学事业更宽阔，更能系统地看待学生学习的内容；读课堂教学艺术的图书，可以使课堂更厚重、更有趣；读教育期刊，能够听到最前沿的声音……读书，让他有了更多的思考，不断对照并反思自己的教学行为；读书，让他在书籍中汲取营养，在反思、借鉴中不断丰富、完善自我。

"读书是最好的备课"，在宋君看来，长期的阅读是为了上好一辈子的课。他坚持每年购买 20 余本教育教学专著，坚持每天 40 分钟的阅读，不断提升自身的专业素养，做一名学习型教师。他不仅自己读书，也带动所在学校师生读书，读书已然成为宋君所在学校的一种习惯。

三、在研究中梳理自我，不断超越

回顾二十余年走过的路，宋君始终记着导师的叮嘱：做一名研究型教师。他总是羡慕专家对问题的独特理解，总是羡慕学者对问题的深入剖析。是什么原因让他们有如此的魅力呢？他认为，更多的是来自研究的魅力，是源于对一个问题连续不断的追问。

其实，以前他总喜欢在课堂上进行精彩的讲解，用数学语言引领学生的数学思维，但从学生的反馈情况来看却效果不佳。能否找到一种使教师少教但是学生可以多学的方法呢？他进行了系列的问卷调查和课堂视频分析，经过梳理，确立了"以学生发展为本"的课堂，真正做到"教是为了不教，学是为了会学"。在他的教学实践中，逐渐围绕"智慧数学"进行深入研究，慢慢地，他的课堂发生了改观。他让每个学生都积极参与，在交流、碰撞中丰富、完善自学内容，加深对所学内容的认识，而他只是学生思维的领跑者，他的"讲"让位给了学生的"学"。

这样的研究还在继续，努力在课堂中做到"先学后导，启思聚智"，他还在课堂教学中实践着、探索着，不断构建心中的智慧课堂。他下定决心，要找准自己的位置，找到一个可以研究一年、两年甚至一生的课题。因此，尽管他先后获得首批河南省名师、河南省骨干教师、河南最具成长力教师等荣誉，但他的心里仍然是平静的，因为他始终把全部的精力放在课堂教学中。深入课堂，让他体会到课堂带给他的芬芳；沉浸课堂，让他享受到课堂带给他的精彩；走进课堂，让他陶醉在与学生共同成长、和学生交流的快乐之中。

正是这些持续的思考，促进了他自身的专业成长，使他时时刻刻思考自己的教育教学，在思考中追求卓越。他慢慢开始将自己的研究与更多的教师分享，先后给国培、省培、省名师培育对象等作专题讲座，他也荣获了河南省教师教育专家的荣誉称号。

四、在团队中积淀智慧，追求卓越

2011年，以他名字命名的小学数学名师工作室成立，2013年成立网络名师工作室，2015年成立中原名师工作室，2016年加盟全国中小学名师工作室。2017年，宋君名师工作室开始承担省级名师、骨干教师的培育工作，充分发挥工作室的引领示范、辐射带动作用，使教师的专业成长以团队的姿态一直行走着。

课堂永远是教育教学的主阵地，宋君名师工作室一直倡导做与课堂教学实践相结合的研修。他们把"智慧数学"作为工作室研究的切入点，紧紧抓住课堂教学，引领工作室全体成员分别从"数与代数""图形与几何""统计与概率"和"综合与实践"四个领域开展课堂教学实践研究。尤其是，第二届名师工作室采用双轮驱动（即名师工作室个人教学主张和专题研究并进）、专题研究（以"小学数学课外阅读"和"读懂学生"系列等专题进行深入研究）、行为改进的方式开展名师工作室研修活动。

宋君名师工作室在导师朱震东主任和孙红星主任的引领下，先后进行了读书沙龙、美文共享、读后感交流、教学问题研讨、课堂观摩等活动，让他们在不断的交流、思考中迸发教育的智慧，不断超越自我。正是这些丰富多彩的活动让工作室的影响力不断地扩大，每次活动都会吸引许多教师积极参与互动和研讨，让宋君名师工作室在不断行走中扩大影响力。宋君名师工作室开展的活动深受一线教师的喜欢，被一线教师称为"有思考、善研究、接地气的团队"。其经验和做法先后在《中国教师报》《河南教育》《教师博览》《江西教育》等报刊进行专题报道。

现在，宋君名师工作室在不断行走中影响着更多的人，就连宋君名师工作室的各位教师在河南省也有了一定的影响力。宋君说，今后，他将继续与更多的教师一起分享自我的教育教学收获和思考，充分发挥中原名师的辐射作用，与更多优秀教师分享教育智慧，一起绽放精彩！

五、在读懂中悦纳学生，促进发展

宋君说："作为一名一线教师，我们应立足课堂教学实践，不断提升自我的专业发展。当我们对课堂进行深度思考时，就会发现，数学教学的价值在于促进学生的全面发展。"如何才能有效地促进学生的全面发展呢？他认为，首先就是要读懂学生。但是，读懂学生，听起来很美，做起来似乎并不容易。为什么要读懂学生？要从哪些方面读懂学生？怎样做才能真正读懂学生？这些问题一直萦绕在宋君的心中，一度让他苦恼不已。

他是一个不服输的人，认定的事情一定要求个结果。于是，他把"读懂学生"作为一个研究专题，交给工作室的全体成员，力图发挥集体的智慧来解决这个问题。

问题刚一提出，就有工作室成员提出疑问："我们从事小学教学这么多年，还专门学习过教育学、心理学，对学生身心发展规律、认知规律烂熟于心，难道还不算是懂得学生吗？"

宋君耐心地列举课堂教学中教师和学生不在同一个频道上的实例，明确地告诉大家：很多时候，我们看似"懂得"学生，实际上却不了解学生的真实想法，所以导致教学效果没有想象中的那样美好。研究学生和研究教材一样，也是教师永远的基本功。在他的引导下，工作室成员们明白了：作为教师，读懂学生尤为重要。读懂学生，了解真实的学生，从而灵活选择教学策略，使得教学更贴近学生，把数学教学活动建立在学生的认知发展水平和已有的知识经验基础之上，实现有效教学。

解决了认识问题，统一了思想，接下来的研讨丰富多彩。宋君和他的工作室成员们从不同的视角研究"读懂学生"，让读懂学生变得真实可见。

他们的第一个视角是"读懂学生学习的起点"。这一个视角是依据苏联教育家维果茨基的"最近发展区"理论提出来的。宋君和工作室成员认为，在教学活动中，应该利用"最近发展区"理论把握学生学习的起点，只有找准了教学的起点，才能让教学更加有效。

宋君举了这样一个例子：他在参加郑州市第三届名师选拔时，在不能提前见学生，不了解学生的数学学习状况的情况下，要准备"圆的认识"这一课题的讲解。经过认真思考，他在上课时是这样导入新课的："这节课我们来学习圆的认识，关于圆，你都知道些什么？"他针对学生的回答及时板书后又接着问学生："关于圆，你还想知道些什么？"他针对学生提出的问题进行分类并接着学生的思路说："这节课，我们就围绕黑板上的问题进行研究。你们先把同学们提出的其他问题存在数学银行中，在以后的数学学习中进一步研究。下面让我们带着这些问题一起走进圆的世界。"就这样，他在学习新课之始，引导学生说出已有的知识经验，提出进一步研究的问题，读懂了学生的学习起点，为新知的学习奠定了良好的认知基础。

他们的第二个视角是"读懂学生学习的思维"，引领学生智慧地思考。他认为，数学是思维的体操，学生是学习的主体。只有读懂学生的思维，才能充分发挥学生的主体性，因材施教，有效教学。

他们的第三个视角是"读懂学生学习的质疑"，让学生在互动交流中提升思维品质。宋君说："在课堂教学中，学生对老师、对教学内容的质疑是客观存在的。为什么会有这些疑问？我们必须弄清楚学生的想法。只有弄清楚了学生的想法，才能智慧地处理。"

他们的第四个视角是"读懂学生学习的情感"，让教学能够燃起学生持续学习数学的热情。

"当然，读懂学生的有效途径远不止以上四个维度，"宋君坦言，"作为教师，我们需要在教学实践中不断探索。因为教学实践是教师成长的沃土，也是教师取得成果的摇篮。"

宋君就是这样，不断地聚焦问题，然后立足课堂实践进行梳理、提升、研究，逐渐形成了自己的理解和教育智慧。在长期的研究中，他的一本理论与实践相结合的数学专著《新课程小学数学教学实践研究》由东北师范大学出版社正式出版，这是一本"做"出来的专著，它涵盖了小学数学"数与代数""图形与几何""统计与概率""综合与实践"四个领域。

宋君能从一名基层教师摸爬滚打，华丽蜕变成一名站在教师攀升体系金字塔塔尖的人，正应了这句话："成功的花，人们只惊慕她现时的明艳！然而当初她的芽儿，浸透了奋斗的泪泉，洒遍了牺牲的血雨。"分析宋君的成长历程，让人在心悦诚服的同时，又格外受益。他的课堂故事告诉我们：

1. 扎根课堂，是教师专业发展的"压舱石"

我们常说，课堂是教育教学的主阵地。其实，不仅学生在课堂教学中成长，教师也是在课堂中实现专业发展的。可以设想，作为一名中小学教师，如果脱离了教学一线，就如同鱼儿离开了水，专业的生命就会窒息；只有扎根课堂，专业成长的船儿才能在职业生涯的大海上稳妥前行。以宋君为代表的名师群体，无不是潜心课堂的行者。他们大多担任学校教学管理重任，但仍长年累月坚守课堂阵地，从不脱离教学一线。教在课堂，使他们从事教育教学的初心永不变色，也成为他们教育人生的最美底色。

2. 研究课堂，是教师专业发展的"加速器"

一名教师入职教育行业，专业发展的路径有三条：一是依靠自然的积淀。从新入职，到五年、十年，乃至几十年，纵然没有外在的推动因素，专业也会在日积月累中有所发展，只不过这种发展微乎其微，犹如荧光。二是依靠培养培训。在教育行政部门和学校的推动下，教师通过参加有目的、有计划、有组织的培训研修活动实现专业的发展。这种发展在行政力量推动下，的确能起到一定效果，但始终是教师专业发展的"外因"。三是依靠长期自觉的研究活动。就如宋君等名师一样，教在课堂，也研在课堂，始终用研究者的视角关注课堂，把研究的成果运用到课堂，在这样的过程中，不仅他们的课堂得到了优化、变革，使一批又一批的孩子从中受益，而且他们自身的专业在研究中也实现了快速发展、深度发展，成长为教师发展阶梯上的"塔尖人"。

3. 读懂学生，是教师专业发展的"支撑点"

作为基层教师，研究、变革课堂的根本目的是促进学生的发展，这是广大教育工作者的广泛共识。研究、变革课堂是为了学生，也必然要基于学生。只有精准地把握学生的发展需要，才能带领学生走进他们需要的课堂。从这个意义上讲，研究、变革课堂必须高度关注学生、研究学生，弄清楚学生的基础和发展可能性，搞明白学生的生理和心理发展规律，在课堂教学中按照适合学生的方式组织教学，只有这样，学生才能享受到有营养的课堂盛宴。宋君之所以能成为教学名师，与他长期坚持"读懂学生"息息相关。历经多年实践、探索和反思，宋君在研究学生方面迈出了可喜的步伐，更是收获了成功的喜悦，在读懂学生学习的起点、读懂学生学习的思维、读懂学生学习的质疑、读懂学生学习的情感等方面都有着独特的见解和主张。这些见解和主张落实到课堂上，显现出蓬勃的生命活力，带动了教师教和学生学二者方式的转变，提高课堂教学效益。

4. 读写结合，是教师专业发展的"金钥匙"

梳理宋君成长为中原名师的过程，我们可以发现，注重读书、写作使他步入了专业发展的快车道。为了站稳讲台、改革课堂，他孜孜不倦地阅读各类书籍，从教材到教师教学用书，从教学专著到教育报刊，他都广泛涉猎，既开阔了视野，充盈了心灵，又获得了理论的丰收，借鉴了他山之石。在课堂实践和变革中，他总是及时记录下自己的行进历程，从教学设计到教育叙事，从读书笔记到教学反思，乃至教育教学论文和著作。尤其是他逾 300 万字的教学反思和 200 多篇教学论文，是他教育心路历程的真实写照。宋君是一位高产的教师，这与他善读爱写并能执着坚守是分不开的。让我们也像宋老师那样，与大师为伴，与书为友，用心思考，与自己对话，每天坚持阅读，坚持写读书笔记及教育随笔，怀着一颗对教育无比热爱与敬畏的心不断提升自我，惠及他人！

（丁广丽）

参考文献

[1] 宋君. 数学阅读的教与学 [M]. 郑州：大象出版社，2019.

[2] 宋君等. 读懂学生 [M]. 郑州：大象出版社. 2019.

[3] 周娟. 行走　向着智慧教育的深处——访中原名师宋君 [N]. 郑州日报 .2016-1-21（11）.

[4] 宋鸽. 宋君工作室：上出"自己的课"[N]. 中国教师报，2015-9-16（08）.

构建生命课堂　助推学生发展

访谈时任鹤壁市山城区实验小学数学教师的董文华时，她富有激情而又充满理性地说了这样一段话："事实证明，以课例研讨为依托的教学行为改进为教师们指引了专业化发展的金光大道。"她的确是一位"高人"，执着于课堂教学研究，极力主张"构建生命化的数学课堂"，并凭借课堂研究与实践成长为闻名遐迩的中原名师。

一、再次激发"自我成长诉求"

2015年7月，董文华入选中原名师培育工程，这成为她"教育生涯中的关键性事件"。以这次入选为分界线，她对之前二十余年的教学经历全面梳理，又开启了新的课堂研修之旅。

回望过往，她也曾"真正意识到教学的不易"，面对教学中的问题，"常常感到心有余而力不足"。她静下心来，学着坐在别人的教室里听课，模仿和借鉴别人的经验；通过学科杂志模仿名师的课，坚持把自己印象深刻的教学环节及时记录下来并配上反思；每次参加教研活动听课，都仔细观察学生怎样学习数学，了解他们在感知、思维、识记方面遇到了哪些障碍并思考可以怎样突破；每次教研活动，用心收集典型对话及相关研讨成果，回去再慢慢"消化"。[1]

就这样，董文华在课堂教学的路途中渐入佳境。她越来越清晰地意识到:"如果教育教学是一个教师的思想存在方式,那么一线教师只有借助课堂这个载体,才能实现专业上的突破,才能拥有属于自己的教学自信力。"[2] 从此,她坚守课堂修"内功",即看课——学习移植组装,听课——聆听过滤吸收,上课——实践反思提高,研课——提升学科内涵,并最终实现了"两年过一关""五年露一手""十年磨一剑""二十年具一格"。

入选中原名师培育工程,使她心底那份"自我成长的诉求"再次被激发,她开始思考、规划未来的成长之路。她说:"两次去浙江师范大学集中研修,课程的顶层设计与教学改革、课堂的诊断与学习力的培养、教科研的严谨与规范、名师的特质等高端的课程定制,让我重新审视自己的课堂以及成长之路。虽然自己在课堂教学方面拥有了一套比较成熟的经验,但是还没有形成自己的教学主张。"[3]

二、重新开启"课堂研修之旅"

基于集中研修带来的清醒认识,董文华开始了她的新一轮探索之旅。这一次,她选择的课题为"'以学为中心'的小学高段数学课堂教学行为改进的行动研究",仍然是课堂教学方面的。

尽管多年来对课堂教学关注、观察、研究、反思,并积累了相当丰富的经验,但当真正静下来再次深入探究时,她依然有很多困惑萦绕在心头。在选题过程中,她最大的困难是对课堂现象的深层剖析,以及对教与学交互行为因果推论等做科学的界定。这些困惑,犹如一块儿块儿沉重的壁垒压在胸中,不消解就让人难以展颜一笑。那些日子里,董文华没有急于动笔,她把自己沉浸在了书中。她坚信,总有一些理论的力量可以帮助自己破解这些难题。为此,她阅读了夏雪梅的《以学习为中心的课堂观察》,学习使用课堂叙事、教学切片等形式对学生学习效果进行分析。她细读了弗赖登塔尔的《作为教育任务的数学》,深度反省:"什么是好的教学?""教师作为'术业有专攻'的专业人员,如何让自己的教学行为基于学生的学习、为了学生的学习、唤起学生想学的欲望以及会学的能力?怎样的'教'才是专业的?"随着阅读的深入,答案愈加明了:通过研究学生的学习行为、学习状况和成效,进而反思教师的教学行为是否得当，教学效果是否科学有效。

在浙江师范大学导师李光伟的精心指导下，董文华和她的研究团队认识到，原先做过的课题都存在着凭经验概略化分析的问题，研究的方法不够科学规范。如何才能以科学的研究方法将课题规范有效地进行下去呢？带着这些思考和问题，她一次次向导师求教。经过立项、开题、中期汇报等几轮洗礼，课题组在课题研究方法上取得了巨大进步，大家成功地跳出过去的"小圈子"，对文献的搜集和筛选更广泛、更有针对性，也开始学会了用数据说话的实证研究，利用学生的作业、课后的访谈、学生课堂发言对课堂教学行为诊断，并作出分析和调整。

董文华始终坚信：研到深处境界宽，研究课堂就要根植课堂。凭着"实践出真知"的理念，董文华带着研究团队开创了在"嵌入式"研究中成长的新路子。一方面，他们遵循"边研究、边实践、边调整、边改进"的策略循序渐进地开展研究活动，坚持长期开展"磨课"活动，全体成员围绕"以学为中心"设计课堂、演绎课堂、反思课堂、改进课堂，紧扣课堂实践推进课题研究，以研究的成果助推课堂改革。另一方面，他们坚持借助工作室送教活动、中原名师团队联谊活动等渠道"以课会友"，与同行研讨交流，通过一次活动聚焦一个主题，一节课放眼一类课、一个领域，在研课中不断改进教学行为，寻求小学数学学科和小学生学习数学之间的契合点，让学习真正发生。

董文华认为，课题研究来不得半点儿虚假，容不得丝毫敷衍。因此，她对课题组要求非常严格。每次研讨活动，一个课例研究结束后，她要求每位教师都及时地以一定方式梳理自己的思路，内容包括：自己从这一课例研究中收获了什么？困惑是什么？通过实践解决了哪些问题？产生了什么新问题？通过再实施、课后讨论与反思达到新行为阶段，从而实现行为跟进。她说："只有如此步步深入研究，才能使教师的专业水平在不断反思、实践中获得持续成长，最后达到共同提高和发展的目的。"在她的推动下，课题组全体成员真做实研，相继产生了一批与研究相关的教学案例、研讨案例和经验总结等。优秀教师的实践智慧得到传递，同伴的经验实现分享。教师从案例中感悟理念，更新其固定的经验和模式，学会方法，学会从多角度来观察事物思考问题，有力促进了教师专业化水平的提升，研究的过程真正成了"教学实践—收集证据—诊断分析—作出新决策—教学重建"的循环研究。同时,她还带着研究团队适时推广课题研究成果,通过"专题论坛""同课异构""一课连上""送教到校""名师大讲堂"等多种形式,提升区域内课堂教学的实效。

借助研究过程中持续不断的总结、反思,董文华对数学学科的思考更加深入,对数学教育的认知直抵本源,她说:"在研究中我体会到知识教学不是教育的终结,教师的视野有多宽,数学就有多宽。"通过研究她欣喜地看到,"只有当教育活动与研究活动交融在一起,并成为一种生活方式时,教师的实践才具有教育哲学的味道"。"我将自己原有零散的教学思考和实践经验进行梳理,从'数学是化了妆的生活''奇妙的数学之旅''像数学家那样思考'的视角开发、整合课程资源,建构课程体系,完成从学科到课程、从教学到教育的跨越,并提炼出自己的教学主张——滋养生命的数学。"[4]这也为她完成专著《滋养生命的数学》奠定了坚实基础。

东风夜放花千树。2018年,"'以学为中心'的小学高段数学课堂教学行为改进的行动研究"经河南省基础教育教学研究室评审顺利结项。历时两年的研究成绩斐然:课题组精心打磨的14节课,或在省、市级优质课、观摩课中获奖,或在跨区域送教或课堂研讨中观摩;有20余篇论文、课例在各级评选中获奖或公开发表,把研究的成果通过各种平台和更多的教师同行分享交流。两年的研究使实验教师在学习、实践、反思中迅速成长起来。其中,董文华经过考核,被认定为中原名师;蒋奉澜、周小红、付丽娟经过理论考试、答辩,被评选为市级名师;程富军被评为市级学术技术带头人;付丽娟被评为市教学标兵。课题组成员还通过市、区名师大讲堂、专题教研、教改大讲台、工作室成长论坛等平台播撒"课题研究如何促进专业成长""好课是怎样炼成的""走进学生深处的学习"等专题,实现了研究成果的效益最大化。

三、努力构建"生命化的课堂"

不断反思和追问是成功人士共有的特质。教育视野的不断扩大,又引发了董文华对小学数学课堂的进一步追问:小学数学是什么?什么是有价值的数学？数学教师首先应该关注的是数学还是学生的心灵？如何建构生命课堂？在不断的思考中，课堂教学的视角发生了明显的转变，即由关注"教师如何教"到关注"学生如何学"。因为好课一定是基于学生的。再好的教学设计，如果没有指向学生，一切都是徒然。心中有学生，而不仅仅是教学的内容，按照学生的思维去教，这样才能找准切入点，找到问题的症结所在，让学习真正发生。即使站在河南省教学技能大赛的讲台上，她的心里装的只有学生，正是这种真实平和的心态让她能够更好地与学生交流，也正是这种目中有人、充满关爱的课堂显得更耐人寻味。这节课，她拿到了大赛的特等奖。

作为一名数学教师，董文华还有一点最难能可贵，那就是她的内心深处有一种"大教育"的课程观。她长期致力于小学数学与儿童学习数学的心理研究，努力构建生命课堂。2013年出版的《让小学生恋上数学》，实现了从"教"到"学"的转变；2018年提出"滋养生命的数学"这一教学主张并出版专著，从"多元丰富，让学生恋上数学""生动有趣，让数学变得迷人""玩转数学，让课堂更具智慧""创生课程，让素养浸润心灵""滋养生命的课堂"五个方面具体阐述，尝试打通学科教学与学生的生活、生命之间的联系。

一提到数学，人们总会不由自主地想到没完没了的演算，机械、枯燥、无味，数学成了孩子们最怕的学科之一。数学真的那么可怕吗？董文华认为，只要教师用一点心思和创意，数学完全可以变得不一样。为此，她倡导学生"写数学日记"，尝试着打通数学与生活、数学与创造、数学与活动、数学与情感、数学与其他学科的联系，写出数学新精彩！她还坚持每周至少和学生欣赏两篇美文，这成了她的数学课上的另类风景。《玫瑰的余香》《让内心拥有春天》《戴尔的自信罐》《最珍贵的诚实》……最初是她推荐，后来孩子们把夹有书签、选好美文的一本本书放到她的桌上，越来越多的孩子和书交上了朋友。这些看似和她所教的学科知识无关，但她相信，在数学触及不到的心灵角落，学生会在故事中看到另一个自我。这些东西是用来成长的，不是用来考试的。她坚信，对生命的尊重，对情趣的培养以及学生自我的发展才是教育更高的追求。

一直以来，董文华就是通过和学生分享美文、写数学日记和记录学生成长足迹等途径拓展课程。这几年的教师节，她都会坚持去做一件事：把这一年来学生写的数学日记、做的手工、师生课余交流的照片串在一起，做成《成长的足迹》幻灯片。学生看到这些照片，看到自己课内外的模样，那一刻的激动真是没法用语言形容。所有的这一切交织在一起，构成了一个"场"。学生快乐，她快乐。她和学生是一对生命的共同体，彼此润泽，互相成全。她让数学学习变得更加丰富而柔软，为学生的成长积蓄力量。她的课堂逐步完成从学科到教育的蜕变，也实现了由数学教育达到培养人的目的。

观董文华的课堂，读董文华的文章，品董文华的故事，聆听董文华关于数学教育的"最美声音"，我们备受启迪——

1. 关注课堂，就要关注生命

如钟启泉教授所说："课堂教学应该关注在生长、成长中的人的整个生命。没有挑战性的课堂教学是不具有生成性的；没有生命气息的课堂也不具有生成性。从生命的高度来看，每一节课都是不可重复的激情与智慧综合生成的过程。"董文华在多年教学经验基础上，借助课题研究，清晰地提出"滋养生命的数学"这一教学主张，并提出了具体可操作的改进策略。正如她所说："我经历了从研教到研学、从听课到研课、从学科到教育的破茧之旅，从关注学生学数学，到关注数学与生活，再到关注学生的生命发展。在梳理和建构中我体会到知识的教学不是教育的终结；教师的视野有多宽，数学就有多宽。学生通过学习不仅拥有了知识技能和素养，还懂得了理性思考、热爱生活、敬畏自然，不知不觉滋养了内在的精神生活。我认为课堂的一端挑的是数学，另一端挑的是生命。"这种对生命的高度关注值得我们学习，更值得我们一线教师在课堂中践行。

2. 研究课堂，必须执着追寻

没有人可以叫醒一个装睡的人。教师专业发展，归根结底是教师自己的事情。董文华之所以能成长为一名中原名师，能清晰地提出自己的教学主张，建构自己的教育哲学，出版《让小学生恋上数学》《滋养生命的数学》两部专著，发表300多篇文章，源于她在二十余年的数学教学生涯中不断反思和追问，源于她以执着的精神追寻数学教育的本质。她曾说："教育视野的不断扩大引发了我对小学数学课堂的进一步追问：什么样的教学既贴近学生又不失学科本色？如何让课堂弥漫着生命的味道？如何把课上到学生心里？……"正是这种自觉的反思和追问，促使她不断"学习—实践—反思—改进"，不经意间成长为数学教育的领军人。2018年12月7日上午，在商丘市前进路小学举办的中原名师小学数学共同体2018年秋季研讨活动中，董文华执教"认识小数"一课。在这节课上，她设计了四个探究活动：（1）如果用一个图形表示1元，你能找出0.1元并涂上颜色吗？（2）小树苗量身高。在尺子上你能找到0.1米吗？小树苗高（　　）分米，也就是（　　）米。（3）你能在数线上找到0.1吗？（4）在数位顺序表上写出7.50。观摩此课，与会中原名师及工作室成员纷纷拍案叫绝。中原名师董文华工作室成员徐睿说："整节课给人'一粒种子'破土而出，并不断开花结果的丰盈感。"中原名师李付晓工作室的倪磊认为："在这节课上，我仿佛听到'一粒种子'正在破土而出的声音。这粒种子就是小数认识的核心：0.1。"……能够得到这些来自不同地区的小学数学教师如此高的评价，正是董文华在执着追寻中研究课堂的结果。

3. 改进课堂，才能专业成长

作为一名教师，我们一生中的绝大多数时光是在课堂教学中度过的。从某种意义上讲，课堂就是我们的生命：课堂精彩，生命才会出彩。董文华中师毕业后从事小学数学教学，论学历，她并不高，但二十余年来，她一直在努力改变着自己的课堂。她说："为了让自己的课堂有新意，我是个不惜精力'折腾'的人，根据教学内容和学生的年龄特点设计丰富多彩的课堂活动，开发身边的教学资源，让教学更贴近学生。"她听课坚持做到课前思考，读懂课堂，课后反思。"课前思考：我讲过这节课吗？我听过这节课吗？这节课让我来教，我会怎么办？读懂课堂：这个教学活动的教学价值是什么？这个活动有更好的处理方式吗？站在家常课的角度看，这些课多了哪些东西？少了哪些东西？课后反思：如果再上这节课，哪些地方可以改进？怎么改进？是哪些理论支撑着这些改进方式？……"[5]正是因为对课堂的研磨没有停止过，2009年她参加河南省教学技能大赛，执教的"估计费用"一课获小学数学特等奖。

董文华老师是中原名师，河南省教育教学专家。她痴迷课堂，并没有止步于自己获得的种种荣誉，而是依然选择扎根课堂，以研究的姿态行走在教育的路上。一直以来，她对课堂的持续思考和不断追问值得我们每个教育人学习。她热爱教育事业，守住一间教室来研究自己的课堂，坚持把提升自己专业发展、凝练个人教育智慧作为教师幸福人生的追求。这样的行走，本身就是风景。让我们在教育教学中循着董文华老师前行的足迹，感受着董文华老师的成长经历，像董文华老师那样坚守课堂，在课堂中寻找最美的风景！

（丁广丽）

参考文献

[1] 董文华."专注"自然有尊严[N].中国教师报，2015-1-7（08）.

[2] 董文华.守住课堂修"内功"[N].中国教师报，2014-5-28（14）.

[3] 董文华.一路知行向远方[N].教育时报，2016-9-14（01）.

[4] 董文华.再出发，努力建构自己的教育哲学[N].教育时报，2018-1-2（02）.

[5] 董文华.在"研"中提升专业内涵[N].教育时报，2014-4-30（03）.

解密语言密码　构建活力课堂

2018 年，刘娟娟获得"全国小语十大青年名师"提名，她的教育专著《教你发现语言密码》入选 2018 年《河南省中小学图书馆（室）推荐书目》，并多次重印。作为中原名师，她多次在国培班、省市级名师骨干教师培训中为学员开展语文教学和习作教学专题讲座，深受学员欢迎。这些都得益于 30 多年来她对课堂的眷恋，得益于她至今仍站立于讲台。对于在油田教育沃土中成长、在中原大地上精彩绽放、在思考探索中享受着教育幸福的刘娟娟来说，课堂是她实现专业成长最好的地方。

一、持续关注：发现语言密码

1990 年，刘娟娟踏上了讲台，她认为讲课好是老师"说"的能力强。那时，她在油田朗读比赛、演讲比赛中总是获得一等奖，她重视自己"说"得好不好。

1996 年，刘娟娟调入南阳市油田实验小学，参与课堂教学的改革，她逐渐悟出在语文课上学生"说"得好才是好课堂，于是，将"说"的重心转向学生，在 6 个学年中进行"三层五说"的梯度训练。那时，她重视学生"说"得好不好。

2002 年，刘娟娟开始研究语文教学中的语言密码，探寻学语言的规律，从教师容易教、学生容易学的角度研究语文教学，于是教育专著《教你发现语言密码》诞生了。同时，她开始了"指向表达"的语文教学研究之旅。

在对语言密码的关注中，刘娟娟也在幸福地收获着。一节节获奖课折射出她对语文课的一段段思考。如果用一个词来概括她对语文课堂的追求，那就是"活力"。她认为语文课堂应该是充满活力的课堂。不同时期的课，她对"活力"有着不同的诠释：

20世纪90年代末，她着力将语文的活力定位在"语言文字的训练"，以《富饶的西沙群岛》为代表，她构建的"三步训练"教学模式就突出了语言文字的训练，让学生在学中练，在练中学，学练结合，提高语文素养。

新课程实施后，"探究性学习"的提出为课堂刮来一股清新的风，她想让这股"风"成为语文活力课堂新的增长点。于是，以《枫桥夜泊》为代表，她着力将语文的活力定位在"教学方式和学习方式的变革"，她构建的"质疑漫谈"教学模式以"学生自主探究为核心"，通过学生自己质疑、自主解决、课上合作、课外延伸等形式，构建课内外联系、校内外沟通、学科间融合的大语文体系。围绕着"愁"这个研究点，学生探究"诗人为什么而愁""从哪里可以看出诗人很愁""谁为愁做过什么""还有哪些关于愁的名句"。一首28字的小诗，在探究性学习的理念引导下，融入的却是古今中外名人的万缕愁绪，可谓牵一发而动全身。

探索的脚步从未停歇。南阳油田启动二轮课改之后，以《动物过冬》为代表，她将语文的活力定位在"自主高效 以生为本"，重视自主预习，重视合作交流，重视课堂展示，让学生成为课堂的主体，把课堂的宝贵时间交给学生，建立有效的小组学习机制，让更多的学生在课堂展示自己的学习成果。通过"以读引读"，学生积累了更多关于季节描写的语段，了解了更多的关于"动物过冬"的知识。在这个阶段的活力语文探索中，她在努力实现"把书读薄，把书读懂，把书读厚"的新型课堂。

二、执着研究：解读语言密码

课堂，永远是一个教师走向成功的主战场。在刘娟娟看来，作为教师，无论在什么时间、什么年龄、什么样的情况下来规划自己的专业人生，都不应该忽略课堂。成为中原名师培育对象之后，刘娟娟的成长到了一个崭新的阶段。培育期间，她结合自己的日常教学实践，很坚定地选择了自己一直研究的问题作为研究课题，也就是"基于'四线两面'路径的小学生习作创新研究"。在课题研究过程中，课题题目的确立如何更加严谨，课题研究的样本如何选择，数据如何采集，结题时资料如何更科学地整理，以及如何站在理论的高度分析教学实例，怎样提炼研究成果等成了他们的最大困惑，但他们从不言弃，虚心向导师请教，认真查阅相关资料，不断地实践、反思、总结。刘娟娟认为，为了课堂的美好，教师需要带着这样的眼睛去读书，读人，读生活，读世间万物——把读中的所思所感转化成教学的元素在课堂中呈现，在此之中读出与教的无限关联。这是非常美好的体验。

一天，她的女儿兴致勃勃地玩着磁铁，看到磁铁吸住了钥匙，感到太神奇了，就忍不住问妈妈原因。在给女儿解释磁性和吸引力的过程中，一节关于吸引力的作文指导课在她脑中诞生了。课堂上，她巧妙点拨，高山、大海、花朵、水果、操场、雪花，都是孩子眼里的磁铁，高山吸引着树木扎根，大海吸引着鱼儿嬉戏，花朵吸引着蜜蜂跳舞，水果吸引着果农采摘，然后又引导学生把一句话展开说具体，一节从总写到分写的作文课就这样诞生了。这节课从学校公开课讲到油田观摩课再讲到市级示范课，给了听课者耳目一新的感受，整个课堂实录也发表在习作教学刊物上。

这样的事例不胜枚举。父亲手术住院，她每天骑着自行车送饭，长长的公路，匆匆的车流，路上每时每刻都发生着故事。这路，不就是一本阅不尽的书吗？于是，她构思了一节语文综合实践课"奇妙的'书'"。和朋友吃羊肉串，她又根据羊肉串的特点指导学生作文"串"的技巧，以"春"作竹签，把一片片春光串起来：春花斗艳，碧草如茵，香润心田。

在这样的感悟思考中，她在努力练就一种"特异功能"，那就是将生活中的平常小事和教育建立起强有力的关联。刘娟娟认为：只有读出了这样的关联，才真正有了可以自由驰骋、游刃有余的大语文课堂。

正是由于具备这样的"特异功能"，刘娟娟对习作研究情有独钟，从事语文教学30年，专注于作文研究20多年。她认为，习作教学不是正襟危坐的，而是融合在生活的点点滴滴的"小密码"之中的，在点点滴滴的课文学习中迁移模仿，在点点滴滴的积累中丰富词汇，在点点滴滴的观察中活用句子，在点点滴滴的感悟体验中学习智慧表达。词语、句子、段落、课文这一个个的小元素，如一滴滴水，最后通过词语新用、句不落俗、课文迁移等汇入了"表达"的汪洋大海。灵活运用这一个个"小密码"的习作过程就是在这大海上的快乐泛舟了。

基于长达 30 年对课堂孜孜不倦的体验与探索，在课题研究中期，刘娟娟给我们奉上了一份精神大餐——《教你发现语言密码》。这是一本用自己的教学实践诠释教育理论、指导教学实践、解决教学问题的图书。新书出版后，立马受到了家长、小学生和语文教师的欢迎，已经进行了多次重印，并入选 2018 年《河南省中小学图书馆（室）推荐书目》。关于语言密码的习作专题研究，刘娟娟老师曾在河南省、浙江省多次作课、作报告。她在浙江金华教育学院"走进中原名师"专项培训中上的习作课和作的报告深受学员欢迎。在南阳、郑州、驻马店、信阳、商丘、许昌等多个地市的国培班、骨干教师培训、学校专题培训中也曾作过习作专题报告。在河南省教研员及骨干教师培训中，刘娟娟老师所作习作课"说说我自己"，以学生的学情和"抓住特点，建立联系"这一语言密码为起点，以点带面，运用三级修改方法，带领学生寻找到一把写人作文的金钥匙。同时，结合课例进行专题报告"运用语言密码　落实语用体验"。该报告以一个个生动可操作的实例教教师们发现语言密码，落实语言文字训练，提升学生语文素养，受到高度好评。

三、跨越提升：超越语言密码

2016 年，《中国学生发展核心素养》总体框架正式发布，提出了教育以培养"全面发展的人"为核心的理念，中国基础教育迈进了核心素养新时代，从知识本位的教学转向素养本位的教学成为必然。

于是，她又致力于研究素养本位的语文教学与知识本位的教学之间的异同。以《望天门山》中"断"字的教学为例，认字、组词、造句、书写，然后让学生朗读诗句，理解并抄写诗意，背默古诗。这已经达成了应试的目标。她认为,这就是基于知识本位的教学,而素养本位的教学就是教师不仅仅要教学生理解诗句,更要在这样的过程中教学生积累词汇,丰富表达,让他们知道中国的语言和词汇就是如此丰富,描绘楚江水可以有许许多多种方法。当然,也应该在教学中让每一个学生都成为生活中的朗读者,让他们在朗读中感受传统文化的韵味。

刘娟娟认为,素养本位教学指向学生全面整体的发展。指向学生全面整体的发展是什么呢?可以通俗地解释为,是终身学习过程中所不可缺少的基本技能、技巧这些"带得走的东西",是能够举一反三、闻一知十的"可再生的东西",是语文教育中遗忘掉所学的知识内容后"剩下来的东西"。素养本位教学,还要着眼提升学生发展的关键能力。学生发展的关键能力是什么呢?站在语文学科核心素养的角度思考,学生什么样的能力是适应终身发展和社会发展所需要的呢?简单地说,学生发展的关键能力就是阅读力、思考力和表达力,这三大能力既是学生核心素养的关键能力,更是一个人终身学习和社会发展的必需;这三大能力既是所有学科的任务,更是语文教学承担的历史使命。

刘娟娟深刻感受到:当课堂中学生在兴致勃勃地阐述着自己的观点和问题,当师生、生生之间成为互为进步、提高和学习的资源,当课堂充满着动态生成的喜悦,这样的课堂已经呈现出素养本位的课堂特色了,这时,学生才真正站在了课堂的最中央。

成长是一个思考的过程,是一份付出的幸福,是一种收获的感动!刘娟娟的成长历程告诉我们:

1. 做教育科研,要有恒心和毅力

我们每一名教师,从加入教师队伍时的青涩,到站稳讲台时的成熟,再到成为名师后的自如,都有一个过程。伴随着这一过程,教学研究是我们专业成长的不二选择。因此,要想"成长为自己想要的模样",我们就必须踏踏实实做研究,一步一个脚印向前走,而不能"三天打鱼,两天晒网"。以刘娟娟为例,她从事小学语文教学 30 年,专注于作文教学研究 20 多年。其间,她始终不离不弃,基于学科,观察生活,思考课堂,实践探索,最终教有所成——教育专著《教你发现语言密码》成功出版并受到欢迎。刘娟娟工作室一位成员这样评价她的导师:"娟娟老师就是一位魔法师，把习作教学变得如此有趣高效。娟娟老师就是我们语文教学中的指向灯，指引我们进步的方向，更是我们的灵魂导师，让我们带着学生们拥有愈来愈丰盈的精神财富！"从刘娟娟身上，我们可以明白这样一个道理：当你知道自己想去哪儿，并且心无旁骛、全力以赴朝着心中的目的地奔跑的时候，全世界都会为你让路！

2. 做教育科研，要扎根课堂实践

有人说："教而不研，一潭死水；研而不教，无源之水；教研结合，源头活水。"作为教师，尤其是具有专业成长理想的教师，必须充分认识教育科研在专业成长中的地位和作用，自觉地结合教学实践开展研究活动，一边实践，一边研究，一边改进，以实践为研究的载体，以研究做实践的驱动。而我们的教学实践，最丰厚的土壤就是课堂。甚至可以这样说：课堂永远是教师实现专业成长最好的地方。因此，一线教师做教育必须要扎根课堂实践，围绕课堂做文章。正像刘娟娟所说："作为教师，无论在什么时间、什么年龄、什么样的情况下来规划自己的专业人生，我们都不应该忽略课堂。"如果能将生活中的平常小事和教育建立起强有力的关联，并作为教学的元素在课堂中呈现，就会拥有可以自由驰骋游刃有余的"大语文课堂"。

3. 做教育科研，要紧跟时代发展

教育，随着时代的发展而不断发展；教师，必须跟上时代的发展步伐。刘娟娟长期致力于语文教学，执着地追寻语文教学的本质，探索发现语言密码。说到《教你发现语言密码》这本教育专著，刘娟娟工作室的一位成员给予了高度评价："这本书一如作者刘娟娟老师的平实、真实、扎实、丰实！词语密码、句子密码、段落密码、课文迁移密码，点点滴滴的实践技巧、日积月累的智慧沉淀，为我们的习作教学提供了切实可行的操作策略和课堂实践路径。小密码、小妙招，解决的却是写作的大难题。"即便如此，刘娟娟也没有止步，正如她自己所说："别人都在说习作，我就把习作往前再走一步。"是的，往前再走一步，也就意味着再深入一步，再细致一步，再升华一步。随着《中国学生发展核心素养研究报告》的发布，她的研究视角转向素养本位的语文教学，直抵语文教学的本质。而我们大多数教师在实际教育教学中正是缺了"往前再

走一步"的耐心和笃定。她以自己卓有成效的实践经历告诉我们,同样一件事,可以往深处再挖掘,往细处再考虑,往前再走一步,泉水更清天更阔。同时也告诉我们,只有树立"为学生全面发展而教"的素养本位教学价值观,方可在课堂教学中实现教学价值的最大化,而让学生站在课堂最中央,才能使核心素养真正落地。

(丁广丽)

教中促进理解　研中演绎精彩

张素红对课堂情有独钟，在我们采访时，她说："一所学校内最重要的地方是哪里？我认为是教室。在教室里，我们与孩子一起穿越课程，从而收获智力上的、情感上的甚至道德上的进步。"

一、初识"为理解而教"

对课堂的这份挚爱，使张素红更加喜欢琢磨课堂。尽管主抓学校教务、教研两项工作，但她依然同时承担着数学教学任务，而且还在教学实践中秉承"以学生为中心"的教育理念，追求"真实有效与互动生成"的魅力课堂教学风格，提出了"为数学理解而教"的教学主张。她认为，"数学理解"应成为当下数学教育改革的重中之重，"为学生的数学理解而教"应成为当前数学教学研究的热点。

在第十届黄河之声全国小学数学教学观摩研讨会上，她执教"比的意义"一课，得到了著名特级教师钱守旺的高度评价：先学后教，少教多学；自主阅读，突出主体；问题引领，促进思考；小组合作，智慧分享；学思结合，效果扎实。钱老师说："本节课的设计符合新课程的教育理念，把学习的主动权还给了孩子，培养了学生的数学素养。张素红的课堂教学水平可见一斑。"

说到她"为数学理解而教"的教学主张，还有一段渊源：2014年，张素红在江苏师范大学参加河南"省培计划"中小学数学骨干教师研修培训时，一位专家关于"数学理解"的报告引发她极大的兴趣。她是一个有心人，更是一个"心动立即行动"的追梦人。从江苏师范大学回来后，她立即查阅大量与"数学理解"有关的文献资料：《辞海》中的解释，联想主义者、行为主义者关于理解的研究，美国实证相对主义教育哲学流派的倡导人莫理斯·比格的理论，华东师范大学数学系教授李士锜的见解等。通过一番"折腾"，她渐渐明白，原来数学理解至少包含这样几层意义：知识的理解必须要有一定的心理基础；必须选择和调动起相对称的认知图式，是一个信息或要素组织的过程；数学理解是一个动态过程，是认知结构和知识意义的建构过程。得出这一番结论，对她而言，真是"快哉快哉"！

二、深探"为理解而教"

张素红很快意识到，提出一个"主张"很容易，但让这个"主张"清晰起来、丰满起来真的不容易。要想引领一所学校、一方区域的数学教师真正做到"为数学理解而教"，必须让这一主张看得见、摸得着，成为大家心中具体可操作的共识。于是，张素红开始了她的探究历程。

2015年，她正式向河南省基础教育教学研究室申请立项，启动了"基于小学数学理解的教学策略研究"课题的研究工作。之后的那一段时间里，她带领课题组成员边研究、边实践、边总结，一直在思考着："促进学生数学理解是课堂教学的一个重要目标，数学理解水平的教学就是教师有目的地在新问题情境中引起学生的认知冲突，共同进行研究和评价。数学理解的目标是指课时目标，以全面理解数学为价值取向。理解目标主要包括三个方面：需要理解什么？怎么理解？达到什么样的理解程度？"

"基于小学数学理解的教学策略研究"课题的立项与实施，使张素红"为数学理解而教"的教学主张逐渐落地生根。她清醒地意识到，贯彻落实"为数学理解而教"的教学主张，必须与课堂教学紧密结合，在小学数学课堂的探索与实践中揭开"理解"的神秘面纱。

于是，她如饥似渴地学习与数学理解有关的理论与实践成果。在浙江师范大学黄晓教授的引领下，她在既有研究成果基础上，将新的课堂教学研究方向确定为"促进探究性理解的数学教学实证研究",她夜以继日地从报刊、知网上查阅与课题有关的资料。她反复阅读了徐彦辉的《数学理解三种方式及其课堂教学特征》,匡金龙、包静娟的《为理解而设计——促进小学生数学理解的教学策略研究》等文章。她说:"通过查阅这些文献资料,我不仅仅收获了知识,而且真的感觉增长了智慧。"

基于持续深入的思考、论证,张素红大胆地结合数学课堂进行探索,她和课题组成员围绕数学理解开展了大量的教学尝试,围绕实施效果进行了充分而深入的反思,找寻到了促进学生数学理解的重要方式。

1. 开展数学阅读,提升理解能力

著名数学教育家斯托利亚说:"数学教学也就是数学语言的教学。"而语言的学习是离不开阅读的。加强数学阅读,创设适合学生理解的学习方式显得十分重要。著名数学特级教师吴正宪说:"一位好的数学教师应该是一位读懂教材、读懂学生、读懂课堂的老师。"为了促进学生有效的数学理解,她首先把目光投向了数学课本本身,因为数学课本是教师开展教学活动重要的教学资源,是学生获取知识的主要依据。她认为,现行的小学数学教材编排,既有其内在的逻辑结构体系,又富有情趣,能够引发学生的阅读兴趣,适合小学生阅读,只是由于学科特征,在以往的教学中很少有教师予以关注。于是,她给课题组的成员们布置的一项重要任务就是授课前首先要阅读教材,以学生的视角找到可供阅读的材料,以及调动学生学习欲望的切入点。在教学实践中,她注重学生数学阅读方法的指导,即凡是学生自己能学会的内容要让学生自己学习,将重点内容画上横线,在读不懂的地方要画上问号,以便在师生、生生讨论时提出来研究、解决。在教学"比的意义"一节课时,上课伊始,她就明确地告诉学生:"读书是最好的学习方式,同学们要养成边读书、边学习、边思考的习惯。今天这节课看谁能做到学思结合。"就这样,学生在她有意识的引领下,阅读、学习、思考,课堂教学有序展开。在课后反思中,她这样写道:"在本节课的教学中,教师注重加强学生的数学阅读,通过阅读数学课本,培养学生的学习兴趣,激发学生思考,促进其对数学知识的理解。"

2. 加强动手操作,促进数学理解

小学生身心发展阶段性特征决定了小学数学课堂学习以间接经验为

主，以直接经验为辅，但间接经验的学习要建立在直接经验之上。基于这种认识，张素红认为要促进小学数学理解，必须高度重视实践环节，加强动手操作。在教学"周长的认识"一节课时，她首先创设问题情境，让学生通过大屏幕感知花坛一周的长，紧接着让学生用指花坛一周的方法，指一指教室里黑板的一周，然后让学生选择自己身边的物体，找出一个面摸它的边线……她从细微之处入手，让学生领悟到虽然指了不同的物体，但方法是一样的。随后，她又让学生合作探究，在教室里，在生活中，找到物体的面指一指周长，再让学生在钉子板上围自己喜欢的平面图形，指一指、说一说所围图形的周长。整节课，教师让学生通过指、说、找、围等活动，亲自体会了周长的概念，使学生对平面图形的周长有了直观的认识。

3. 丰富学生想象，发展空间观念

图形与几何是小学数学教学的重要领域。针对该领域知识较为抽象、学生理解困难的现状，张素红认为在数学课堂上要着力丰富学生的想象力，发展学生的空间观念。在教学"长方体的认识"一节课时，她先向学生展示一张长方形白纸，然后将一定数量同样大小的纸重叠在一起，变成一本书；接着联系生活实际，从学生熟悉的粉笔盒、茶叶盒和电冰箱入手，在学生观察的基础上，通过电脑演示，抽象出长方体的边框。在教学长方体的"长、宽、高"的概念时，通过逐层递进的四个问题"如果擦去长方体的一条棱，你能想象出这个长方体的样子吗？""如果再擦去几条棱，你还能想象出原来的形状和大小吗？""我们至少要剩下几条棱才能想象出原来的样子？""这几条棱有什么特殊的要求吗？"让学生理解长方体的"长、宽、高"。诸如此类的教学设计在图形与几何教学过程中，使学生的想象能力得以逐步形成，并最终促成了学生的数学理解。

4. 以问题引领，促进数学理解

在数学课堂实践中，张素红还十分注重培养学生的问题意识，通过让学生发现问题—提出问题—分析问题—解决问题，以问题引领促进学生的数学理解。在教学"圆柱的认识"一节课时，她让学生根据之前学习过的长方体、正方体的特征，说一说想知道圆柱的哪些知识，并整理出探究提纲。（1）数一数，圆柱由几个面围成？（2）比一比，圆柱不同的面放在桌上滚一滚，你发现了什么？（3）剪一剪，把圆柱的侧面展开，你发现了什么？

学生带着这些问题观察手中的圆柱，进行小组合作交流，从而较为全面地认识了圆柱的特征。

5. 把握数学本质，促进数学理解

张素红常常有这样的忧虑：如果在自己的课堂上，没能真正理解并呈现数学教学本质的东西，那么，教学设计越是精致，课堂实施越是完美，给学生带来的恐怕唯有严重的南辕北辙。所以，在数学教学中，教师要聚焦数学本质，设计核心问题，引导学生体验知识的形成和发展过程，在理解数学知识的同时，感受数学知识背后隐含的数学思想、方法，因为追求本质的教学才最有价值。她倡导情境引入，贴近本质；问题设计，紧扣本质；新知探究，凸显本质；实践应用，强化本质。

以课题为载体，以课堂为主阵地，张素红"为数学理解而教"的教学主张得到了专家的肯定。河南省基础教育教学研究室小学数学室主任刘富森指出："中原名师张素红从教 30 年，始终致力于小学数学课堂教学改革的研究，有着多年的一线教学经验，有着丰富的积淀与深入的思考，她敢于叩问真实的课堂，并进行扎扎实实的探索研究，从数学课堂的潜心设计，到数学的纵横联系，再到数学阅读的课外拓展，都充分展现了理解在数学课堂的魅力所在。"

三、阐释"为理解而教"

付出总有回报。让张素红高兴的是，2018 年 3 月，在浙江省舟山市教师教育学院 304 教室举行的课题中期答辩会上，课题组的辛勤付出得到了评委专家的高度评价。浙江省舟山中学的方军校长说："我很敬佩你们小学教师作的关于数学教学的实证研究，你们做了大量的数据整理及分析工作，对于你们来说太不容易啦！"

从遇到问题的困惑、不解，到对问题追根究底的层层研究，再到对问题的豁然开朗……可谓历尽层层磨难。在这一过程中，课题组成员时而在犹豫，时而想放弃，但是在张素红的鼓励下，最终大家选择的是坚持。她说："我相信，坚持到底就是胜利，坚持就是最好的答案。"

此时此刻，张素红觉得，一切付出都有价值，一切心血和汗水都没有白费。更让张素红高兴的是，2018年5月，凝聚着她的心血和汗水的《我的教学主张：为数学理解而教》正式出版。这本专著主要围绕教材、课堂、学生几个视角阐述如何促进数学理解。

在加强教材研究、促进数学理解方面，张素红不仅成立了数学教材研究院，还给每个教研组配备了不同版本的数学教材，要求备课时充分研究、借鉴。

在加强课堂研究、促进数学理解上，张素红提出两个主张。首先，创设生活情境，促进数学理解。在教学实践中，把那些与生活实际相去较远的教学情境改编为学生熟悉的、看得见摸得着的情境，贴近学生的生活实际，有利于学生较好地把握数学学习的本质，促进学生理解，激发学生对所学内容的兴趣。其次，内容呈现上要更加关注知识的形成过程。比如，学生在达到算法的运算水平之前，都不能摆脱实物的直观与操作。教材在计算教学中，引导学生经历从直观运算到算法运算的探索过程。在这一过程中，利用小棒、计数器等操作学具帮助学生理解算理，达到操作过程数学化，促进对数学算理的深入理解，培养学生初步的抽象、概括、推理能力。

关于加强学生研究、促进数学理解这方面，张素红强调重视学生经验的生长，让数学知识通过学生已有知识经验的正迁移，自然纳入自身的认知结构之中。例如，在教学四年级上册"亿以内数的大小比较"这部分内容时，一是整合"万以内数与亿以内数大小比较"的方法，梳理出整数大小比较的方法；二是关注"亿以内数的大小比较"所承载的数学思想，即类比思想和归纳思想。另外，她还倡导把握知识联系，促进数学理解。如，教学"比的意义"这部分内容时，在引导学生认识比的各部分名称之后，出示一个"比、分数和除法各部分关系"对照表，让学生自主填写，待小组交流后进行汇报。学生明白了比、除法和分数之间联系紧密，加深了对"比"的理解，同时扩展了原认知结构。

除此之外，张素红也注重培养数学素养，促进数学理解。她认为：数学教学的重要使命是使学生通过数学学习学会"数学地思考"。在引导学生思维的过程中，教师要充分暴露学生自然的思维过程，激发学生思考争辩，鼓励多维交流，让他们在尝试、探索、解惑的过程中，在不同角度、不同层次的理解中，不断修正自己的观点，逐渐发现事物的本质，获得对知识的深入理解。

例如，教学"认识分数"时，为了让学生深刻理解"把一个整体平均分成若干份后，用分数表示其中的一份"，张素红老师带领学生探索4个苹果的1/4后，接着出示8个苹果的图片，让学生在图上表示出"将8个苹果平均分给4个小朋友，每个小朋友可以得到这8个苹果的几分之几"。反馈时，学生充分暴露了思维的过程：有的说是2/8，因为有8个苹果，每个小朋友分2个，所以是2/8；有的说是2/4，因为是平均分成4份；还有的说应该是1/4……在一段时间的争辩后，答案渐渐趋向一致，一个学生总结道："这里讲的是分数，只要看平均分成的份数和取的份数，与总个数没有关系，所以是1/4。"上述暴露学生思维的环节中，学生通过交流、反思，认识从"关注个数"转向"关注份数"，逐步把握了分数的本质属性。学生在争论中经历了冲突、碰撞、重组和整合的思维过程，实现了分数意义的初步建构。

2018年8月，课题"促进探究性理解的数学教学实证研究"在河南省教育厅顺利结项。这项研究，从研究教材、研究学生的不同视角促进学生对数学的理解，探索促进数学理解的教学策略、方式方法，学生在所学知识内容的"是什么"和"为什么"之间建立起恰当的数学理解，在接下来的学习过程中产生丰富的联想，提出新的问题，产生新的方法，这样大大提高了学生提出问题和解决问题的能力，大大提升了学生的数学素养，促进了师生的共同成长。

就在"促进探究性理解的数学教学实证研究"顺利结项之际，张素红也顺利通过评审，成为河南省为数不多的中小学正高级教师。张素红认为，通过课题研究，自己最大的收获是自身专业水平得到了不断提升，包括理论水平、教科研能力和教学实践能力等。正像她自己所说："课题研究是教学质量提高、教师专业发展、名校特色创建的助推器。"

张素红说："在教中学会教，在为中有所为，在打铁中成为铁匠，在思考中成就思想。今后，我也会继续在教育教学的实践中，与学生、老师共同走过成长的时光。"[1]从她的身上，我们可以得到诸多启示。

1. 成功源自教学观念的转变

张素红始终认为：课堂教学是促进学生可持续发展的主阵地。作为教师，首先要转变教育教学观念。对于知识技能维度的目标立足于让学生学会，对于过程与方法维度的目标立足于让学生会学，对于情感、态度、价值观的目标则立足于让学生乐学。在长期的课堂教学实践与深刻反思中意识到，理解在数学学习中占有核心地位，什么样的观念支配之下就会产生什么样的行动。正是基于上述思考，才有了课题的诞生及教学观的确立，没有新的教学观，教学的成功根本无从谈起。

2. 课堂是中小学教师研究的主阵地

纵观张素红老师课题研究的历程，她始终没有偏离课堂。就中小学教师而言，选择研究课题的主要来源，是教育教学实践中遇到的实际问题；而研究的主要目的，是解决教育教学实践中的实际问题，进而提升学科教学质量。因此，中小学教师的课题研究，必须与学科教学紧密结合，与课堂教学紧密结合，在一节节具体的课堂教学中，一点点、一滴滴地积淀经验，最终形成解决教学实际问题的策略，达到解决问题的目的。在这方面，张素红老师围绕"数学理解"开展的一系列课堂给我们提供了成功的范例。

3. 课题促进教师专业化成长

从教 30 余年，张素红从未放松过对课题的研究，每做一项课题总会引发她对教育教学的深入思考，边学习边探索，边研究边行动，边行动边改进。她坚信：教师要想提高自身素质，搞教育科研就是一条最佳的捷径。关于这一点，张素红老师及众多名师就是最好的注脚。首先，搞课题研究需要查阅大量文献资料，这个过程实际上就是很好的学习过程，在不断的学习中可以丰富教师的文化底蕴，同时滋养心灵、润泽生命。其次，课堂教学中的问题是最贴近教师日常工作的问题，也是最值得教师关注、最有价值的问题，若把这些问题当作课题做真研究，定能解决我们教学中亟待解决的问题。从这个意义上说，课题研究能够促进教育教学质量的提高。另外，进行课题研究，无形之中促进了教师科研能力的不断提升，加快从单纯的教书匠向科研型教师转变的步伐。

4.发展层次升级带动更多受益者

国家级核心期刊《中学政治教学参考》主编黄建炜提出：教师专业发展有三个层次。第一层次，提高教学水平，让学生受益；第二层次，提升教研水平，让同事受益；第三层次，提炼教学思想，让同行受益。以长期的教学研究为底蕴，张素红提出了"为数学理解而教"的小学数学教学主张。这一教学主张的提出与实践，不仅使她本人的专业发展达到了一个新的高度，也使广大学子在数学学习中直接受益，还通过区域教师培训等活动中，让工作室成员、一方小学数学教师的教学理念得到更新和转变，助推了许多教师的专业成长。张素红的经历告诉我们，作为一名教师，要务实创新地搞好教学，也要结合实际搞好研究，还要基于研究适时总结、提炼，力争让自己的成长成果惠及更多人，带动更多人，发挥出最大的效益来。

正如张素红老师所言："'为数学理解而教'既是教师始终坚守的教育理念，更是努力追求的教育境界。"让我们与张素红老师一起行进在"为数学理解而教"的教育教研路上，在理解中探究，在探究中实践，在实践中提升吧！

（丁广丽）

参考文献

刘波.在"教"中学会教，在"为"中有所为.河南教育（基教版），2017（2）：22-24.

变革课堂教学　提升实践能力

截止到 2018 年，已经有 94 位名师被授予中原名师荣誉称号。在这个优秀的群体中，本章撷取了其中的四位进行采访。综观以上及我们身边的各位名师，每一位对课堂都有着自己独到的见解和鲜明的课堂观，并逐步形成了自己独特的教学风格。但剥离表象，追根溯源，不同学科、不同学段、不同级别的名师之所以能够成长为教师梯队攀升体系金字塔塔尖的人，固然与专家引领、同伴互助密不可分，但更与自身的努力有关。细细盘点，他们的成长史惊人地相似，他们身上有着诸多共同的特质。

一、自觉追求专业发展，是名师走向成功的动力

每一位名师的心中都有着明确的目标，那就是追求专业的发展，这成了他们走向成功的不竭动力。最令人震撼的是中原名师丁桃红老师，为了不错失一次国家级优质课比赛的机会，她在孩子刚刚出生 6 天后就登上赛场，摘取了最高级别优质课竞赛的桂冠！试问：如心中没有远大的目标，怎能做到？刘娟娟老师从教 28 年，经历了为课苦、为课狂、为课甜这样三个阶段。在这个过程中，她一一品尝"独上高楼，望尽天涯路"的孤独，"为伊消得人憔悴"的痛苦，以及"蓦然回首，那人却在灯火阑珊处"的幸福。如果没有强烈的专业追求，她又如何能做到？张素红老师在课题研究中可以说历尽层层磨难，但始终坚守信念，永不言弃，最终实现"在教

中学会教，在为中有所为，在打铁中成为铁匠，在思考中成就思想"的目标。坚持的力量从何来？是追求自身专业发展推动着她一直向前！

二、始终探索变革课堂，是名师走向成功的关键

但凡能够从优秀走向卓越的教师，都是从课堂中摸爬滚打出来的，并且从不曾脱离课堂。他们几十年如一日，始终奋战在教学一线，讲台就是他们的人生舞台。宋君、董文华、刘娟娟、张素红等为代表的名师群体无一不是一直牢牢坚守课堂主阵地，在课堂中收获着快乐与幸福的。

从教二十余年，宋君始终关注课堂，教在课堂，研在课堂，在课堂中智慧成长。他说："学生在校的学习活动更多在课堂。作为教师，只有走进课堂，关注学生的发展，才能促进学生整体素质的提高。只要我们关注课堂，走进课堂，在这个过程中不断提升自我的专业发展。等我们真正走进课堂的时候，那课堂中最美的故事、最美的质疑、最美的思考，便会让我们不断地去思考教育，真正让教育发生。"

董文华更是坚守课堂修"内功"：看课——学习移植组装，听课——聆听过滤吸收，上课——实践反思提高，研课——提升学科内涵……最终实现了"两年过一关""五年露一手""十年磨一剑""二十年具一格"。她用自己的实际行动证明了："如果说教育教学是一个教师思想存在方式的话，那么一线教师只有借助课堂这个载体，才能实现专业上的突破，才能拥有属于自己的教学自信力。"

刘娟娟之所以能成为课堂教学改革的领军人物，得益于30年来她对课堂的眷恋，得益于她至今仍站立于讲台上。课堂，对于这位在南阳油田教育沃土中成长，在中原大地上精彩绽放，在思考探索中享受着教育幸福的名师来说，是她实现专业成长最好的地方。在刘娟娟看来，作为教师无论在什么时间、什么年龄、什么样的情况下来规划自己的专业人生，都不应该忽略课堂。"细细思量，教师的一生就是用无数个四十分钟的小单位而串起的课堂人生。课堂的体验，就是生命的体验；课堂的收获，就是生命的收获；课堂的幸福快乐，就是生命的幸福快乐。"这是多么深刻的领悟！

张素红老师对课堂同样情有独钟。面对记者的采访，她的话颇为耐人寻味："一所学校内最重要的地方是哪里？我认为是教室。在教室里，我们与孩子一起穿越课程，从而收获智力上的、情感上的甚至道德上的进步。"对课堂的这份挚爱，使她比任何人都更加喜欢琢磨课堂，最后源于课堂实践与反思的教学专著《我的教学主张：为数学理解而教》出版发行就是水到渠成的了。

三、长期坚持阅读写作，是名师走向成功的双翼

台上一分钟，台下十年功。名师能在课堂上神采飞扬，源于从教过程中的厚积薄发。从专业成长的角度看，读和写可以说是一个人成长的双翼。这是因为读书是养根的工程，读书的厚度决定了教育人生的高度；而把自己的经验、感悟等诉诸笔端并推介给别人，更是走向专业成长的重要途径。

在宋君看来，"读书是最好的备课"，长期的阅读是为了上好一辈子的课。他认为："读教育名著，可以聆听大师的声音，提升我们的实践智慧，并从中找到理论的支撑；读专业学科的图书，让他们的教学事业更宽阔，更能系统地看待学生学习的内容；读课堂教学艺术的图书，可以使课堂更厚重、更有趣；读教育期刊，能够听到最前沿的声音……"

名师们无一不喜读善写，笔耕不辍，几乎每一位名师都是高产的作家。就拿教育随笔来说，每一篇教育随笔都是教师对教学片段的用心捕捉和思考，每一个教育故事都是对教育生活的挚爱和热情。从名师的作品中，我们真切地感觉到他们写教育随笔的过程就是生命绽放的过程；用文字定格教育教学生活的瞬间，真是一种修身养性之事。

其实，作为教师，我们的教育生活中每天都会有这样那样的故事发生，我们的课堂中也总会有精彩的瞬间或失败的情形出现，无论是"精彩极了"还是"糟糕透了"，都是宝贵的教育资源，可是由于我们的懒惰一次次错失了总结的机会。因此，我们要向这些名师学习，做一个有心人，努力养成认真发现、静心思考并及时记录的好习惯。让我们与大师为伴，与书为友，用心思考，并及时用文字定格我们的一路风景，在读写中静修成长，在阅读中丰盈，在静思中积淀，在写作中变得厚重！让阅读和写作绽放我们专

业成长最美的姿态!

四、关注学生终身发展，是名师走向成功的核心

在班级授课制中，我们往往更多地把学生当作集体而非个体。随着核心素养时代的到来，学生个体的价值更加凸显。今天，我们必须将学生视为有鲜明个性和独特禀赋的学习者，也就是关注到学生的生命，为学生终身发展而教。只有这样，我们的专业成长之路才能走得更远，更有力。在这方面，名师们给我们做出了生动的诠释。

刘娟娟老师从知识本位教学到素养本位教学的跨越，着眼提升学生发展的关键能力，正是基于这样的考虑。她在30多年的课堂人生中，经历了三个阶段：为课苦、为课狂、为课甜，在最后一个阶段里，她懂得了如何为学生上课！三个阶段走来，刘娟娟深深懂得了："好的教学是与学生亦教亦学的共舞，是心灵与心灵之间的默契与关联，是对学生本性保持着的开放、信任和期待。教与学，这伟大的事物，使我们的生命更完整，更美好。"另外，从她对语文活力课堂理解的轨迹（从关注文本的发掘，到关注课堂方式的革命，再到如今课堂上学生生命个体的张扬），也看到了自己在课堂中逐渐转型，即"师本"淡出舞台，"生本"之花绽放。

宋君认为："作为一名一线教师，当我们对课堂进行深度思考时，就会发现，数学教学的价值在于促进学生的全面发展。"如何才能有效地促进学生的全面发展呢？他认为，首先就要读懂学生。只有读懂学生，才能提高课堂教学实效性；只有读懂学生，才能促进学生的发展，提升学生的数学素养。

董文华老师更是践行这一主张的典范，她提出了"构建生命化的课堂"，实现了从学科到教育的蜕变。让我们再次聆听董老师的最美声音："多年以后，如果我的学生能够时常回忆起师生在一起的温馨细节，如果日常的教育教学行为对学生的生命成长产生了积极的影响，这就是我作为一个教师值得自豪的地方，也是教育生命中更丰富的内涵，更动人的意义。这种深层次的职业归属感比优质课获奖、各级荣誉称号带来的快乐更持久、更醉人。"在多年教学经验基础上，她借助课题研究，"经历了从研教到研学、

从听课到研课、从学科到教育的破茧之旅，从关注学生学数学，到关注数学与生活，再到关注学生的生命发展"。在梳理和建构中，她体会到"知识的教学不是教育的终结，教师的视野有多宽，数学就有多宽"，清晰地提出"滋养生命的数学"这一教学主张。她认为，"课堂的一端挑的是数学，另一端挑的是生命"。这种对生命的高度关注值得我们学习，更值得我们一线教师在课堂中践行。

五、善于扎实开展研究，是名师走向成功的秘籍

苏联教育家苏霍姆林斯基说："凡是感到自己是一个研究者的教师，则最有可能变成教育工作的能手。"细细品味每一位名师的成长故事，无一例外都将自己真正沉淀下来，坚定地走上了教育研究之路，尤其是入选中原名师培育工程后，更是开启了新的研修之旅，同时也打开了成功之门。在这方面，每一位名师都给我们做出了表率。

宋君老师始终谨记导师的叮嘱：做一个研究型的教师。他的确就是在研究中梳理自我，不断超越，最终构建了理想的智慧课堂。他意识到，教师应把教育教学中存在的实际问题作为研究对象，将理论与实践有机结合，在研究中理性地实践和思考，才能使研究真正成为教师生成实践智慧的必由之路。

刘娟娟老师正是在执着的研究中发现了语言的密码，给广大教师奉上了一份落实语言文字训练、提升语文素养的大餐，她认为：用研究的视角看待自己的教育教学是教师专业化的体现，也是成长的必经之路。

张素红老师经过艰辛研究，终于使课题"促进探究性理解的数学教学实证研究"顺利结项，自己也顺利通过评审，成为河南省为数不多的中小学正高级教师。通过课题研究，她和她的课题组成员最大的感受是：要在一定实践基础上也就是基于自己的课堂教学做研究，要选择具有一定意义和价值的问题做研究。开展课题研究时，一定要把握准研究目标，研究内容，研究的重点、难点，研究的创新点。她的成长历程有力地证明：教师要想提高自身素质，搞教育科研就是一条最佳的捷径。正像她自己所说："课题研究是教学质量提高、教师专业发展、名校特色创建的助推器。"

董文华老师主张在"研"中提升专业内涵。她指出："当你讲完一节课，再回顾和反思的时候，总会有这样或那样的不足，而你对这些问题开始追问、探究、反思的时候，也就意味着已经进入了研究状态。作为一线教师，要学会用研究的心态对待自己的专业。"但要记着："作为一线教师，这样的研究和自己的实践不是'两张皮'，是相辅相成、互相促进的关系。"董老师尤其强调，首先要把课堂教学作为一线教师的常态教研。教学的生命力不是"复制"，而是在研究中不断"刷新"，甚至可以说在颠覆中重生。在听课中，她希望教师把自己融进课堂中，做到倾听眼前的、关注背后的。她说："在研究中我体会到知识教学不是教育的终结，教师的视野有多宽，数学就有多宽。"

　　名师的成长历程像一面镜子，照出了我们的不足；又像一盏明灯，照亮了我们前行的路。我们在被他们的敬业精神、奉献精神深深折服的同时，自己下一步的专业成长规划也渐次清晰起来。也许我们成不了名师，但我们能成为向名师靠拢的人；可能我们成不了专家，但我们可以成为向专家学习的人，在成长中遇见更好的自己！

（丁广丽）

第四章 基于学生研究 提升名师教育能力

如果说课堂是学校教育的主阵地，科学研究是提升教师素质、促进教师发展的主渠道，学生就是站在学校中央的生命主体。把学生放在主体位置进行的教育研究，抓住了教育的本质，是基于对生命本质的尊重。在中原名师当中，就有这样一些人，他们对教育的本质进行深度思考，用研究的目光、发展的思维看待身边那些司空见惯的现象，每天在忙碌中穿行，在思考中前进。他们坚信：只要不停下前行的脚步，就会有收获的快乐！

潜心生命教育　促进生命自觉

教育的本体是生命，教育的意义即是通过助力生命自信、催发生命自明、促进生命自觉以改变生命的存在状态。提及生命教育，李明这个名字，可以说是如雷贯耳！

李明，淮滨高级中学校长，正高级教师、特级教师、全国中小学名校长领航班成员、享受国务院政府特殊津贴专家、硕士研究生导师，教学成果获首届国家级基础教育教学成果二等奖。古人云："以铜为镜，可以正衣冠；以人为镜，可以明得失；以史为鉴，可以知兴替。"回溯李明校长的成长史，足以让我们从中获取丰盈的教育智慧和明晰的前行方向。

一、坚守初心创名校

1987年，放弃好不容易争取来的考研资格，放弃去其他城市工作的机会，选择回到家乡、回到母校——河南省淮滨高级中学当一名普通教师，李明没有太多的犹豫，只因同为教师的父亲告诉他："咱们县的基础教育总体处于落后水平。一个老师上好一节课，不难；一个班主任管理好一个班级，也不难；但做一个好校长，领导好一所学校，有难度；一个教育局，要在这样的现实情况下，改变一个县基础教育整体的落后局面，就更不容易。教育需要坚守，不要离开家乡，不要离开教育……"带着父亲的谆谆教诲和殷殷嘱托，李明在淮滨高级中学一干就是30多年。

30多年来，从教师到校长，李明始终注重理论指导下的教育教学实践活动，强力推进教学改革，坚持推行教学方式与学习方式的转变，逐步确立了"以欣赏的眼光看待学生，以平等的眼光看待同伴，以反思的眼光看待自己，以发展的眼光看待事业"的教学理念，他提炼出了体现教学方式转变的"八个一"要求，初步构建了确保教学中心下移和学习中心前移、体现新课程前提下的"预设、发现、探究、生成"的新课堂结构，形成了符合学校实际的"三段六块　立体交叉"课堂模式，探索并总结出了优化课堂教学结构的"三三整合"课堂教学参考模式，切实减轻了学生的课业负担，极大提高了课堂教学效率，现已在邻近省市20多所学校推广。与此同时，坚持"育人为本、改革立校、开放办校、民主治校、科研兴校、文化厚校、发展强校"的办学思路，李明实施课程管理与改革，积极推进开放办校战略。今天的河南省淮滨高级中学，是北京市教育科学研究院在全国设立的三所教育教学基地之一；与北京市第十二中学结为友好学校，与他们达成了多项合作办学协议；大力推进国际教育合作与交流，先后与日本、韩国的大学达成了合作办学协议。

近年来，在李明校长的带领下，淮滨高级中学由规模发展转变为质量发展，由粗放发展转变为精细发展，由同质发展转变为特色发展，由模仿发展转变为创新发展，教师专业化水平迅猛发展，教育教学质量逐年攀升，培养出一大批体魄强健、生命旺盛、情感丰富、智慧卓越的人才，多次受到淮滨县委、县政府和信阳市教育体育局的表彰和嘉奖。学校先后被授予"团中央中学生教育实践基地""河南省文明单位""河南省'为人师表、育人楷模'先进单位""河南省文明学校""河南省师德师风建设先进单位""河南省科技创新教育示范学校""河南省五四红旗团委""河南省课堂教学改革先进单位""信阳市普通高中教育先进单位""淮滨县十面旗帜"等荣誉称号。今天的淮滨高级中学，占地面积300亩，建筑面积近20万平方米，校园功能齐全，布局合理，绿树环绕，鸟语花香，整洁而富有灵气，恢宏而不失秀美，基本满足了淮滨人民享受优质高中教育资源的需求。

有纯粹朴素的初心，才会有前行的方向；有执着忠诚的坚守，方可成硕果芬芳。接下一校之长，担起一域希望，这位"在贫瘠的土地上铸造着教育辉煌的具有大爱教育情怀的校长",饱含着满腔赤诚与深情,秉持"为国家培育英才""办人民满意教育"的初心,在教育的大道上探索不止、追寻不息,走成了一道河南教育、淮滨教育的亮丽风景。

二、寻根教育求本质

教育的本质是什么?从1987年走进淮滨高级中学,李明对教育本质的探寻就一直没有停歇。回眸走过的教育历程,他曾深情地说:"那些年,在和学生相处的过程中,作为一名教师,一名从事育人工程的人,我从来都不敢忘记学生作为独立的、大写的人的真实存在,努力实践着让人之为人的教育理念,在平等的对话与交流中,身体力行地去影响学生,教他们学会做人、学会做事、学会相处、学会学习……"他觉得,教育就是用生命影响生命,用智慧点燃智慧,用成功赢得成功,用幸福引领幸福。而作为教师,课堂上对每个学生发言的仔细倾听,课后对每一本作业的认真批改,发现学生心理问题后的有效指导,在活动中让更多的学生站到台前,让所有的学生参与其中……基于对生命的尊重,才是教育应该有的样子。也正是在这年复一年、期复一期对教育本质的追问、实践中,他越来越深刻地感觉到:生命是自然的结晶,也是造化的灵魂,每一个生命都值得尊重,对生命的尊重,不是形式,也不是姿态,而是发自内心的愿望和切实的行动。

1996年,李明成为淮滨高级中学的校长。面对个别学校教育过度追求功利,太过看重生命以外的东西,让教育成为"教书育分"手段的现状,32岁的他,作为当时全省最年轻的高中校长,站在更大、更高的平台上,坚守"为生活幸福奠基,为生命精彩引航,为使命担当铸魂"的学校教育价值追求,始终立足学生的生命成长,坚持特色发展,在学校文化、课程建设、课堂改革、教师成长、特色活动、学校管理等领域展开系统实践,从教学内容、教学方法、教学手段、教学效果评价、实验实训等方面不断改革创新,革除老式思维定式,培养师生的认同自觉、选择自觉、学习自觉、发展自觉、成长自觉和行动自觉。在对教育现象的不断思考和教育本质的不断探索中,凝练出自己独特的教育思想"教育是生命对生命的影响"。

他的这一思想突破了唯分数、唯升学的评价方式，突破了灌输式说教的育人模式，明确了教育就是点悟心灵、点燃精神、点化智慧的过程，是生命与生命通过心灵的交流和思想的碰撞而发生的影响，这种影响的终极目标是追求生命的自觉。

从最初的用"力"搞管理、用"脑"提质量，到后来的用"心"做教育，李明从来没有中断过对教育本质的追问。"学校教育是生命对生命的影响，课堂教学是生命与生命的对话"，他把教育放到生命的高度，当成一种事业来做。2016年11月7日，教育部在上海华东师范大学为淮滨高级中学举办了教育思想研讨会，李校长以"教育：生命对生命的影响"为题作了专题报告，教育部最高讲坛响起信阳淮滨"县中教育"的声音，李明及他的"生命教育"思想，受到了业内专家的高度赞扬。

求德求知求真理，为国为民为天下。在一切力量中，最不可缺少的一种内在力量，就是觉醒。生命的觉醒，自我的觉醒，灵魂的觉醒，是人生需要完成的三次觉醒。正是因为有这强大的内心力量，多年如一日地把应该做的事做得尽善尽美，才成就了李明的教育人生，也成就了一所蒸蒸日上的、为生命奠基的崭新名校！

三、科研兴校助发展

一位好校长，对学校的领导首先是教育思想的领导，其次才是行政领导，校长要通过思想、价值、精神来引领学校发展和教师成长，进而促进学生生命成长。30多年漫漫高中教育路，在李明这里，也是一条不断研究、执着探索之路。在淮滨高级中学，有一个专门负责教学教研、课题研究的科室——教科室，在李明校长的带领下，根据研究方向，将全体淮滨高级中学教师构建为多个学习共同体，强力推行实施以学科建设为重点、以校本教研和校本培训为基础、以教科研活动和网络互动为手段的研究性学习和教育教学科研活动，引领全校教师在教育教学实践中凝练自己的教育思想，引领学科教学和班级管理，单是"基于生命教育思想的普通高中特色化发展实践研究"的主题，学校就申报了76项相关子课题，其中有38项立项，学校科研氛围浓厚，教师科研热情高涨。

为了将生命教育的理念更好地融于学校各项工作中，李明校长亲力亲为，积极投身各类科研兴教活动，主动承担各级教科研课题，开展相关实践研究，及时物化研究成果。近年来，由他主持的省级以上课题成果有近20项获奖，科研课题成果"'三段六块　立体交叉'课堂教学模式及课堂教学行动策略研究"荣获河南省基础教育教学成果一等奖、首届国家级基础教育教学成果二等奖，撰写的论文有10余篇发表在《河南师范大学学报》《中小学管理》《教育理论与实践》《中学物理教学参考》和《物理教师》等核心期刊。李明校长也先后被评为全国优秀教师、国家级骨干教师、中原名师、特级教师、河南省首批中小学幼儿园教师教育专家、河南省首届名校长、河南省新长征突击手、信阳市专业技术拔尖人才、信阳市十大杰出青年知识分子、信阳市优秀青年科技专家等。

单是2017年，李明校长就有两项主持课题达到结题标准，顺利结题。其中，"依托课题研究提升中学物理教师专业素养的实践研究"课题，以中原名师李明高中物理工作室为核心，经过两年的实践研究，取得了具有理论价值和实践价值的成果，对高中物理教师应具备的核心素养给予了科学的补充与论证，实证了通过课题研究提升高中物理教师专业水平的必要性和实效性，为追求专业成长的高中物理教师指明了具体方向，设计了成长路径。"河南省普通高中特色化发展实践研究"是结合学校发展第三个历史发展时期（特色和创新发展时期）的现实需要，在大手笔书写学校未来蓝图的同时，又立足现实，将理论与实践结合在一起，整合各种资源，全力筹划，多方论证，谋求新时期学校前行的正确道路，对于探索普通高中特色化发展具有很好的示范和借鉴意义。

"做课题难不难？时间上有没有保证？"每每提及这个问题，李明总会先点头肯定："难不难？单是文献综述一个环节，百篇文献，万字记录，再从两万字到两千字的凝练，海量搜集，主题阅读，综合对比，深度评述。做课题，真的是一个很烧脑的过程。"李明校长曾经不止一次将自己在中原名师专项课题中的经历与大家共勉。在中原名师专项课题研究初期，他遇到的第一个拦路虎就是科研理论水平不足，研究方法不科学，预设方式不翔实。那是一段辗转难眠的时光，他带着团队成员一头扎进了图书馆，查阅文献，读书研习，同时在中国知网海量搜索相关主题的文献，进行多元综述，充实了课题的理论依据；在导师的指导下，开展课题组成员的研讨学习，选取科学的研究方法，修正方案，开展研究；通过海量的文献综述和实地调研，依托课题研究作为提升中学物理教师专业素养的"抓手"，并确定三个子课题进行实践研究，使研究方向明确、研究内容翔实具体。课题组成员李盼盼老师说："课题研究使我深深地感到要坚持理论学习，不断提高自身理论水平；要具备科研意识，把平常教育教学中的小问题当作小课题去研究。在李校长的带动下，全校教师共同开展微课题研究，提升了全校教师的科研水平；团队合作、思维碰撞，不断修正观点与思路，达到了共同进步。以科研促发展，生命教育课题的研究，使参与其中的成员在教师观、师生观、学生观、学习观、课堂观、评价观、成果观等方面都发生了巨大的变化。"

"科研兴校助发展，教师的共同发展是学校最大的福祉！"李明是这样说的，也是这样做的。多年来，他结合教师发展的阶段性特点，对学校合格教师、成熟型教师、专家型教师制定分级发展目标，从熟悉教育教学常规工作、有教育责任感、能较好地达到对教师职业的认同，到学科教学和班主任工作形成风格、形成较强的教育科研能力和相应的研究成果，指导各类教师结合自身实际合理规划发展路径，构建教师发展共同体开展课题研究，促使教师成为研究者，向专业高层次发展，可以说成果丰硕。2014年9月，"'三段六块　立体交叉'课堂教学模式及课堂教学行动策略研究"获首届国家级基础教育教学成果二等奖。2014年9月，"'三段六块　立体交叉'课堂教学模式下物理课堂教学行动策略研究"获2014年河南省基础教育教学成果二等奖。2015年7月，"'学习前置　问题驱动'主体性学习课堂教学模式"获2015年河南省基础教育教学成果一等奖。2016年12月，"'学习前置　问题驱动'主体性学习课堂教学模式"获河南省基础教育教学成果二等奖。2018年6月，"河南省普通高中特色化发展实践研究"获2018年河南省基础教育教学成果一等奖。2018年8月，"依托课题研究提升中学物理教师专业发展的实践研究"获2018年河南省教育科学研究优秀成果一等奖……

深入实践不负辛劳，潜心研究终成硕果。每一张荣誉证书，都是他和团队心血的付出、成长的收获；每一项课题成果，不仅是科研创新思想的发扬，更是砥砺奋进的淮高精神的有力彰显。

四、思想引领促自觉

教育是为了生命成长。李明认为：学校是立德树人、追求生命自觉的精神家园。他强调，教育的本体应该是生命，学校的作为在于确定办学方向、形成价值追求、开展系统实践。当下，教育活动比较多地被等同于了教学活动，由于教学活动的主体内容是学科知识，于是，知识性教学、知识点内容便成了教育的主要内容，教育的主体也就局限于教师和学生，这种认识的鄙陋在于忽视教育对人的内在价值，甚至偷换了教育中最重要的本体存在是什么的基本概念。爱因斯坦曾指出："教育就是把在学校所学全部忘却之后剩下的东西。"那么这个"所剩下的东西"的内涵就是：思辨品质、思维方式、思想方法；学习能力、生活能力、发展能力；善良人性、旺盛生命、高贵灵魂。

坚持思想引领，追求生命自觉。为了让教育成为基于生命、伴随生命、完善生命的事业，李明带领全校教师一起，从课堂改革入手、从班级管理入手、从文化建设入手，围绕"让学习发生"的目标指向，关注学生的学习需求和学科知识的根本源头，在课堂教学中通过生命与生命的对话，唤醒学生的自觉意识，促进学生勤于追问、乐于探究、勇于思辨等学习品质的形成。实现师生生命共振，把学校建设成为师生生命融合且精彩的地方，把课堂教学组织成师生生命融合且精彩的活动，师生在生命对话中得以启发、领悟，激发潜能，自主学习，主动探究，从自我建构走向学习自觉。作为一名高中的校长，他思考得最多的是：三年时间，学校对学生有哪些帮助？学生有哪些变化，有哪些影响一生的收获？多少个不眠的夜晚，他在灯下冥思苦想，只为了心中坚守的教育理想……在淮滨高级中学，人性善良、生命丰富、灵魂高贵已经成为教师们公认并共同为之努力的育人目标。

上下求索，学以致用。30多年来，李明始终以"自强不息，追求卓越"为座右铭，衣带渐宽终不悔，为淮滨高级中学乃至淮滨县高中阶段教育工作做出了突出贡献。在他心中，生命恰似两个永恒之间的一片峡谷，"生"是起点，"命"是终结，而连接这起点与终结的便是教育，是每一名学生的健康成长、快乐成长和幸福成长。

教育应该是一个人和一群人的修行。教育应该是双向的，无论是教育者还是被教育者，都会在教育发生时受到影响，也会在自己和他人身上看到不同的世界。却顾来时径，苍苍横翠微。回顾李明校长的成长历程，我们不难得到这样的启示。

1. 葆初心

初心是什么？就是本真、本源、本念。有初心，才会有前行的方向；有初心，才会有坚定的信仰。从一名普通的物理教师到带领整所学校发展的校长，李明在淮滨高级中学三十年如一日，带着自己对教育事业的忠诚，对生命教育的神往，为着影响更多的生命、为了更多生命更好地成长朝夕奔梦。流年有声，岁月无痕，随着时光流逝，年轻时的激情会在世间风风雨雨中渐渐消磨，但初心的力量就在于：当你历尽了生活的打击与绝望后，只要想到它，你就还能拥有抬起头来的勇气和力量，还能迈出脚步，坚定执着地走向远方。

2. 乐科研

教师要成长，必然与教育科研有着直接的关联性。每位教师有着不同的性格特点，其教育的手段和方法不会因学习先进而同质化，因此，从教师成长的角度分析必然要进行教育科研。在团队培育和教育行走的历程中，李明引领全体教师在反思的基础上，针对教育教学过程中出现的问题和不足进行研究，树立问题即课题意识，以问题带动课题研究，以研究促进问题的有效解决，寻找教育教学最佳的契合点，实现高效的课堂教学。教育，是感化人间的大事，他带领着一个能打仗、能打硬仗、更能打胜仗的团队，举课题科研大旗，让淮滨高级中学从自立走向自强，成为河南省乃至全国同类学校中的佼佼者，同时，也在不经意间谱写了自己的人生传奇。

3. 重实践

纸上得来终觉浅，绝知此事要躬行。在"生命教育"的实施和推广过程中，李明要求自己及团队必须身体力行地开展各类教育教学活动的躬身实践，在实践中总结经验，进而反思创新。让淮滨学子印象深刻的是，每年新生入校，他总是带着校领导班子站在校门口，用期待的目光去迎接这些怀揣梦想而来的青春学子；面对高一新生，他每年都会结合自己多年的教育教学经验，指导他们尽快适应高中的学习与生活；高考前夕，他还会为高三学生做考前指导报告，和心理压力大的同学谈心，帮助他们战胜自己，顺利迎接高考的到来；高考结束后，他凭借自己多年的经验指导广大寒门学子填报志愿，帮助他们找到一条更好的改变命运的人生道路；每年的高三学子离校，他又带着领导班子守在校门口，用祝福的目光鼓舞他们追求美好的明天……心中有爱，才会有真正的教育发生；扎实实践，才会有满枝的硕果结成。

4. 立学问

没有正确的教育理论，就没有成功的教育，校长真正的生命就是自己的思想。近年来，淮滨高级中学在李明校长"教育：生命对生命的影响"的教育思想引领下，推进理论指导下的系列实践，学校办学特色日益鲜明。而"生命教育"思想的提炼过程，就是一个实践反思、再实践再反思的过程，这个过程是一位教育人从青涩走向成熟乃至卓越的必经之路，同时，这种经过实践和实践验证的教育思想往往具有历史性、社会性、前瞻性、继承性等特征，更具示范、辐射、引领功能，更具价值和意义。

不同人的不同人生就在于，他是在做着想做的事，还是在做着应该做的事。为生活幸福奠基，为生命精彩引航，为使命担当铸魂，在生命教育推行的道路上，深深祝福李明校长，祝福淮滨高级中学！

（李付晓　张伟宾）

游戏贯穿始终　自主能力养成

说到课题研究与成长的关系，李阿慧说："我认为，课题研究是个人成长的摇篮，它能促进教师进行实践的梳理、反思，理论的自我提高。而成长又反过来决定课题研究的高度和深度。一个教师的科研水平取决于做课题的水平和能力，从一个教师的课题中就能看出一个教师的思路、理论水平和思维的发展。"

一、"金点子"阿慧如是说

第一次见李老师的人，凭感觉就能知道她是个幼儿教师。李老师说："不瞒您说，我就是喜欢当一个幼儿老师。"说到"金点子"，李老师有点儿不好意思地解释说："这是大家送给我的绰号。所谓'金点子'，就是在教育教学方面喜欢标新立异，别具一格。"

有一次，李老师到一所村镇中心幼儿园支教。进入教室，她首先看到的是一排排桌椅、一摞摞课本，以及黑板上方挂着的一个大电视。仔细了解了一下幼儿园的一日生活，发现他们全以"上课"为主。课余，她发现孩子们三三两两凑成一堆儿，蹲在教室里，用双手在水泥地上噼噼啪啪地拍，一边拍还一边大笑。于是，她就好奇地凑过去，发现孩子们每拍一次地，水泥地上都"冒烟儿"。孩子们争先恐后地用劲儿拍，拍一拍，看一看，比一比，看谁拍地冒的烟儿高，小手拍得通红通红，却玩得不亦乐乎。而老师的一句"上课"就把孩子们拉回桌椅旁。孩子们还沉浸在刚才的快乐中，老师却已经开始在黑板上列算式了，孩子们不得不随之进入了老老实实的被动学习状态。她就在想：一天下来，老师能不累、不烦吗？孩子们也丝毫不轻松啊。其实每个孩子都是"顽童"，在没有条件游戏的时候，孩子们用自己的双手就能自娱自乐，说明孩子们很有创造潜能，只是成人不理解、不支持孩子们自发性的游戏方式。

受孩子们的启发，李老师想道：要想让孩子们会玩，首先要支持孩子们自发地、自由地去玩，让孩子们用自己的双手创造游戏。老师可以结合本班的日常教育目标，在课程的导入、练习等各个环节，融入手指游戏，营造宽松有趣的课堂氛围。教学活动开始前，手脑并用的手指小游戏很容易让孩子全身心投入活动，既省去了其他课前组织形式的烦琐，又能吸引孩子们的注意力，为教学活动的开展做好"热身"。教学活动中，在孩子们倦怠的时候穿插进去一个手指小游戏，可以活跃课堂氛围，转换孩子们的注意力。教学活动结束时，开展一个手指小游戏，可以放松孩子身心，轻松自然结束活动。

她还告诉我们："在一次次教师讲座中，我经常问同行他们都组织过哪些教学活动。大家能说出一大串儿教学活动名称，而当我问到他们带孩子都玩过哪些好玩的游戏时，答案往往不及组织教学活动丰富。可是，当我在讲座即将开始的时候问：'接下来我们是开始上课，还是先玩个游戏？'大多数老师都会选择玩游戏。可见，虽然在所有老师和家长的心目中，教知识往往比玩游戏更重要，但是我们自身还是更喜欢玩游戏。大人都如此，何况是天真烂漫的孩子呢？如果把一切教育的科目都转化成游戏来玩，让孩子们在玩中学、玩中求发展，孩子们轻松了，我们也变得轻松了！"

二、调查发现真问题

"对幼儿而言，爱玩游戏是天赋。但是，"话锋一转，李老师又谈到这样一个问题，"爱玩和会玩是绝对不一样的，一点没有节制地玩也是不允许的。"当看到某个幼儿园半日里安排的12个活动环节时，我们更理解李老师话里的意思了。

  7：30—8：00　　　　来园、晨间活动
  8：00—8：10　　　　晨间谈话
  8：10—8：30　　　　户外早操
  8：30—8：35　　　　集体如厕、喝水
  8：35—9：00　　　　早餐
  9：00—9：30　　　　集体教学活动
  9：30—9：40　　　　集体如厕、喝水
  9：40—10：10　　　 集体教学活动
  10：10—11：10　　　户外游戏
  11：10—11：20　　　集体如厕、洗手
  11：20—11：50　　　午餐
  11：50—12：00　　　户外散步

  幼儿园是幼儿生活学习的重要场所之一，他们的生活、学习都是在其日常的吃、喝、拉、撒、睡、交往、探究等活动中自然而然地发生并持续地进行着。养成好习惯，单靠老师的提醒、游戏调节是远远不够的，还需要从幼儿自身做起。因此，一日活动中每一个环节对幼儿自主性的培养都蕴含着巨大的教育价值。

  李老师说："我们曾经有针对性地设计过调查问卷并进行发放。通过调查分析，发现在我园幼儿身上'自主性'的现状是不容乐观的。如：（1）在调查生活自主性方面，小班刚入园的幼儿80%不会独立穿鞋，中班幼儿72%不会独立穿衣服，大班幼儿60%不会主动叠被子。在学习自主性方面，小班85%的孩子不能积极主动参与活动，中班70%的孩子不能认真专注地进行独立观察，大班68%的孩子不能主动探究、独立思考。在社会自主性方面，小班84%的孩子不主动和同伴游戏，中班71%的孩子不主动和同伴游戏，大班60%的孩子不主动和同伴游戏。从以上调查中，我们看到自主意识及自主性发展与幼儿年龄增长成正比，年龄越小的幼儿自主意识越薄弱。（2）在调查中我们还发现，有的幼儿在一日活动中表现得较被动，依赖性较强，自己能做的事情也不愿意独立去做，需要大人检查、提醒、监督。（3）在一日活动中我们还看到，当自己或同伴

遇到困难，使活动无法进行下去时，一些孩子往往站在那里发呆，不会主动找同伴协商，缺少与同伴之间自主交流、自主分工和自主解决问题的能力，这种情况慢慢地会导致幼儿对学习、游戏不感兴趣。"

根据以上调查分析，李老师总结出这样几个问题：第一，幼儿在一日活动中环节安排过多，为了完成这些环节，教师对幼儿必须进行高度控制，从而导致幼儿处于"时时有人管、处处有要求"的紧张状态，幼儿独立、自主的空间极大减少。第二，集体教学时间过长，自主游戏时间较短，幼儿自主探索、独立思考、主动解决问题的能力得不到充分发挥。第三，每个环节之间时间较短，幼儿不停地走来走去，整个半日活动就像是"赶场子"，无法充分享受活动带来的快乐，从而影响幼儿参与活动的积极性、自主性。

三、多管齐下见效果

"有问题不可怕，关键是有了问题怎么解决问题"。听李老师讲到下面几种做法，我们更明白她为什么被称为"金点子阿慧"了。

1. 灵活安排时间

（1）如早餐时间可根据幼儿园实际，或集体进行或与晨间活动整合在一起，幼儿自由进食餐点。

（2）把集体如厕、喝水、洗手等活动，以分散、自主的方式安排在除集体之外的各环节中，引导幼儿根据生理需要自我安排。

（3）幼儿早操时间，可根据季节灵活调整：夏季一般放在早上8点到9点，冬季可适当调整到10点以后。

2. 整合内容安排

（1）各项活动不是单一的，而是互相渗透的。比如：区域活动中整合游戏和集体教学活动，幼儿可以在集体教学后自由选择区域游戏。

（2）教师在实施一日活动内容时，既要考虑到活动间的整合，又要考虑到保教结合、互相渗透的特点。比如：生活活动中的洗手环节，洗手过程中详细进行洗手步骤及注意事项的示范讲解后，就没必要再组织教学活动重复此类内容。

3. 调节过渡方式

在一日活动实施中有许多过渡环节，如果组织不好，将造成时间上的隐性浪费，需要教师智慧地进行引导。

教师在活动过渡环节采取的方式有很多。如：伙伴互助，可以给能力强、起床快的孩子分任务，让他协助老师整理床铺或帮其他小朋友穿衣服、系鞋带，孩子帮助孩子，互相受益。又如：游戏过渡，可采取游戏手段来衔接一日活动。以离园前组织手指游戏为例，既能避免幼儿消极等待，又能使幼儿在自主游戏过程中愉悦身心。

通过整合之后，原来某个幼儿园安排的12个环节可以被调整为7个环节：

7：30—8：30　　　晨间活动
8：30—9：00　　　户外早操
9：00—9：30　　　集体教学活动
9：30—10：00　　　区角自主游戏
10：00—11：00　　　户外自主游戏
11：00—11：50　　　午餐
11：50—12：00　　　户外散步

活动环节优化后，教师不会匆匆忙忙赶环节，幼儿也不会在老师的高度控制下被牵着鼻子走，反而能够充分享受自主、自由的时间，根据自己的需要和兴趣自主、自愿地开展活动。优化后的一日活动为幼儿自主性培养营造了积极氛围。

四、提高生活自主性

有了宽松、自主的氛围，只是成功了一半。重视幼儿一日生活，实现幼儿自主性发展，还要体现在幼儿能自主安排自己的生活，能在照顾好自己的同时，为他人提供帮助。而一日活动中，有8个环节为生活环节，所以培养幼儿自主性的着眼点与入手点往往是日常生活中的吃、喝、拉、撒、睡等环节。为此，李老师带领课题组成员，根据幼儿在园一日生活活动，把幼儿生活自主性培养归纳为"五心策略"：（1）随心进餐；（2）放心如厕；(3) 开心盥洗；(4) 安心入睡；(5) 用心喝水。将自主性培养自然地融入一日生活，让幼儿在真实的生活体验中主动参与并创造生活，发展幼儿的生活自主性，从而促进幼儿自我管理、自我服务能力的发展，增强自主生活的信心。

如午餐、晚餐环节，进餐前，教师先让幼儿自主有序地做好餐前如厕和洗手，再让值日生分发餐具，并鼓励中大班幼儿用自己喜欢的方式向同伴介绍饭菜营养等。进餐中，播放舒缓的音乐，让幼儿在温馨、舒适的环境中，尝试自己取饭、吃饭。对于挑食的幼儿，教师要灵活机智，采用从"一小口"开始逐渐加量的办法，再配合语言上的鼓励，如"你真棒""吃得真多"等，以及精神上的奖励，如一个甜甜的微笑、跷起的大拇指等，来调动幼儿食欲，使幼儿在愉悦的状态下随心进餐；还可以把挑食的幼儿和胃口好的幼儿安排在一张桌子上一起吃饭，使挑食的幼儿自然受到感染，主动开始吃饭。进餐后，鼓励幼儿主动擦嘴、洗手、漱口，主动整理餐具。在进餐环节，教师要抓住"随心"二字，使幼儿在心情舒畅的环境中习得各种进餐技能，逐渐喜欢吃饭、学会吃饭、主动吃饱吃好，养成文明进餐的习惯，从而提高幼儿进餐的自主性。

对于如厕问题，他们的办法更巧妙。教师用图文并茂的方式在厕所贴上如厕流程图，如女孩小便流程图、男孩小便流程图、擦屁股流程图、提裤子流程图等，让幼儿通过观看图示自主学习如厕基本技能，还可以通过讲故事、粘贴如厕文明公约等方法，潜移默化地让幼儿养成自主如厕的好习惯。

五、发展手指游戏好处多

手指游戏进入一日生活过渡环节，能够减少孩子们的消极等待。在幼儿的一日活动中有许多零散时间，如来园后、离园前、饭前、饭后、盥洗前后等过渡环节。这时，教师一般比较忙，孩子们的状态都比较放松，自觉遵守常规的意识也会比较淡薄。将简单、易行的手指游戏贯穿于这些环节之中，可代替教师逐步引导幼儿建立规则意识。

李老师一贯主张教师要学做懒教师，提倡用双手做教具，进行生动形象的教学。她说："手指游戏非常常见，但也容易不受重视，而我觉得，手指游戏作为操作性游戏的一种，具有无须教具、简单易学、有趣好玩的特点，在幼儿园教学中有着重要的教育意义和实践价值。其一，取材方便。不受时间、地点、年龄的限制，随时可以开展。教师可根据幼儿的接受能力和教育内容的需要来选择相应的手指活动，使他们在轻松愉快的气氛中锻炼手部肌肉。其二，功效多元化。手指游戏可促进幼儿多元智能的发展。幼儿口念儿歌，手做动作，脑想故事情节，在心情愉快的手指游戏中既能发展语言能力、动手能力、表演能力，又能有效地开发幼儿的脑功能，促进幼儿全面发展。其三，普及度、推广度高。由于手指游戏大多短小灵活，所配儿歌也朗朗上口，不仅适宜于幼儿园教学，也适宜于家庭教育，所以在保持幼儿教育的家园共育方面具备很大的优势。"

手指游戏能够把手指以教学资源的形式与课程内容相结合，比如"手指变图形"游戏："一角两角三角形，三角四角正方形，转一下呀长方形，换一换呀变菱形。"用手指来拼搭图形，能够让幼儿对图形有直接的感知，增强数学活动的生动性、趣味性、形象性。

不只是教学，手指游戏进入幼儿生活，还可以让幼儿行为习惯的养成变得更轻松。古人云：养习于童蒙。借助手指游戏来培养幼儿良好的习惯，可以减少教师一遍遍、一天天的常规培养口令。如手指游戏"洗手歌"，可以用来引导孩子掌握正确的洗手方法，养成讲卫生的好习惯；"穿衣服""系鞋带"等手指游戏可以帮助幼儿培养良好的自理能力。

手指游戏还可以教会孩子文明礼仪。根据手指游戏适宜配儿歌吟诵的特点，可将文明礼貌用语蕴含其中。比如手指游戏"大哥在哪里？"："大哥在哪里？我在这儿！（伸出左手跷跷大拇指）我在这儿！（再伸出右手跷大拇指）大哥，今天你好吗？（摆动其中一个大拇指）很好，谢谢你！（再摆动另一个大拇指）我走啦，我走啦！"幼儿在学的时候很开心，"谢谢""你好吗"等礼貌用语也会潜移默化地根植到幼儿心田。

手指游戏引入家庭教育，能够让亲子交流更轻松。现在很多家长不知道在家如何跟孩子建立一种平等的亲子关系，好像除了给他买玩具、讲故事，就没有更好的陪伴方式，而手指游戏正是变"陪他玩"为"一起玩"

的一种方式。李老师在教学中通过组织家长进行手指游戏比赛、观摩手指游戏等多种形式与家长交流、沟通，让手指游戏走进家庭。适合家长和孩子一起做的手指游戏有很多，比如，"大手小手来比赛"："大手小手来比赛，比比谁的反应快。大手变小猫，小手变小猫，大手变小兔，小手变小兔，快快快，快快快，比比谁的反应快，我的小手最最快！"家长用自己的大手跟孩子的小手一起做手指游戏，无形中跟孩子建立起了一种轻松、平等、亲密的亲子关系。

六、遇见更好的自己

李老师在工作中成长，在成长中反思，在反思中前行，一步步由一名幼儿园普通教师成长为全省的幼教拔尖人才和名师，凝练出了自己的教育思想——在生活中启迪教育，在教育中反思教育智慧，利用教育智慧影响教育。她由只有一张中专文凭的幼儿教师，一步步进修为拥有学前教育本科学历和国家二级心理咨询师、国家家庭教育指导师、国家育婴师等多个证书的幼儿教育专家，成为平顶山学院幼师生导师。同时，被聘为国培讲师，每年为全国幼教同行进行多场讲座。

从事自己热爱的幼儿教育，更让李老师找到了幸福。

有人说，幸福生活的三大标准是有希望，有事做，能爱人。回顾一路走来的幼教之路，她一直把教育好孩子当作自己的希望，当作自己的事业，把爱孩子和被孩子们爱当作自己的幸福。她说："19年行走在幼教之路上，是教育点亮了我的幸福生活，让我抬头总能眺望到幸福的模样，回首总能碰触到幸福的光芒，甚至遐思时还能嗅出幸福的味道。"

幸福是什么？幸福是一种持久的、发自内心深处的愉悦感。这份感觉不是预设的，也不是别人给予的，而是在和孩子们共同成长的过程中逐步生成的，是由幼儿教育生活本身成就的。

从教19年来，李老师跟孩子们一起经历了19个春夏秋冬，经历了19年的快乐生活。孩子们一个个如雏鹰般成长并展翅高飞了，而那些花在孩子们身上的小心思、小妙招、小创意、小感悟却沉淀了下来，留在了她的生活里，渗透进了她的思想里。她因教育收获了淡定的心态、阳光的笑脸、持续的成长、工作的价值，她的人生因教育变得有思想，有事做，能爱人。幼儿教育是一个感悟的过程，也是一个创造的过程，更是一个积累教育智慧的过程，正是在对这一过程的追求中，李老师慢慢感受到了幼儿教育的魅力，体会到了这份职业带来的自豪感与幸福感！

（殷慧芳）

自主健身研究　践行学科素养

在中原名师这个大家庭里，几乎每一个学科都聚拢着一群出类拔萃的名师。然而，有一个人却是例外，因为他是中原名师群体中唯一的一名体育老师。他叫侯继军，是新乡市第三中学体育老师。

一、书写传奇的体育老师

侯继军老师所教的体育，是以往大家通常说的副科、小三门之一，以前叫"体育"，现在叫"体育与健康"。因为不是高考科目，所以体育学科的地位颇为尴尬，对于很多人来说都是"说起来重要，忙起来次要，中考过后就不要了"。即使现在的中考提高了体育项目的分值比重，但一时间也难以完全改变体育学科的地位。也许正是因为如此，个别体育老师体验不到职业价值，进而在无奈中低迷，不知如何是好。

同样作为体育老师，侯继军却走出了一条不同寻常的成长、成才之路，取得了令人瞩目和钦佩的成绩。

在体育教育生涯中，他深钻细研体育课程标准，不懈改革体育课堂教学，勇于承担体育研究项目，先后获得了河南省优质课一等奖，省教育科学研究优秀成果一等奖、二等奖，成为全省体育教育界的一颗明星，被河南师范大学体育学院、河南科技学院体育学院聘为体育教学研究生导师；兼任新乡市基础教育教学研究室体育与健康学科教研员。

说起课题研究，也许很多人认为这与体育教师毫无关系，但侯继军老师做起课题研究来，却是得心应手，游刃有余。2015年，他主持了河南省专项课题"中小学薄弱学科（体育与健康）课程实施现状、问题与对策研究"，2016年获河南省教科研成果三等奖；2016年9月，他主持的"新乡市中小学生足球传统校校园足球开展情况研究"荣获新乡市基础教育成果奖一等奖，在新乡市的多个学校进行了推广，受到一致好评；2018年，他参与的课题"新乡市中小学体育校本课程的开发和实施"，获中国教育学会课题研究成果一等奖。

参加工作近30年，他带校篮球队13年、田径队15年，并兼带高三学生考学，有100多个高考体育生在他的训练下，走进各级各类高校体育专业。而他本人，也曾被评为河南省骨干教师、河南省学术技术带头人、河南省技术标兵、河南省教师教育专家、河南省名师、全国群体先进个人等。2018年，他被河南省教育厅评为中原名师。

二、基于学生，责任总在心中

面对侯继军老师，许多人的心中充满了疑问："为什么是他？为什么中原名师队伍中会有一名体育教师？他如何缔造了属于自己的传奇？……"或许，这正应了冰心的诗句："成功的花，人们只惊慕她现时的明艳！然而当初她的芽儿，浸透了奋斗的泪泉，洒遍了牺牲的血雨。"

"我从来没有把自己当副科老师看。"回望成长为中原名师的路，侯继军老师非常笃定，"多年来，尽管很多人把体育视为副科，但我心里不这么想，我始终坚持不断提高学生的身体素质，教会学生掌握一定的运动技术。"他是这么说的，更是这么做的。

多年来，他始终牢记"老师要教给学生一杯水，自己首先要有一桶水"，博闻强记，逐渐形成了广博的知识体系。他曾说："这年头，一桶水也不行了，当老师就应该拥有一个富有生命活力的泉水源！"

为此，他就像饥饿的人扑到了面包上一样。酷暑寒冬，在漫漫长夜中苦读课程标准，一个学段一个学段地研读教材，一遍一遍地修改教学设计；佳节假日，背负行囊外出参加培训、研修学习。他说："我不能让自己变成鼠目寸光的囚者；我要走出去开阔视野，成为极目四荒的千里眼。"

多方采花，酿成甜蜜。持续的学习锻炼了思维，开阔了眼界，解放了思想，他对体育教学形成了自己独特的视域，并在教学实践中坚持。多年来，不管别人怎么看，他的体育课一如既往，坚持教技术、提素质。因此，很多毕业后的学生依然对他的课堂充满留恋和喜爱，并在他的课堂上找到了一种适合自己的体育锻炼方式，收获了快乐。

强烈的责任感，是侯继军走向卓越的阶梯。他把操场视为自己的家，把学生当作他的一切。他常说："我无愧于自己的职业，无愧于跑道和操场。"

有一年，侯继军跟随支教团队到一所县高中开展首次送教下乡活动。支教学校是省级示范性高中，应该是该县教学设施最好的学校，但让人意想不到的是该学校缺乏体育运动器材。他和团队成员一起咬牙坚持，努力克服各种困难，最终顺利地完成了送教下乡任务。但事后，针对这次支教中发现的问题，他向新乡市教育局写了一份送教下乡总结，就该校体育课开展现状作了客观阐述，提出了整改建议，呼吁当地教育主管部门重视各校体育课开展情况。事实上，并没有人要求他这样做。但是，他却觉得自己非这样做不可。他说："作为一名教师，我有这个责任！"

他就是这样的一个人，责任总在心中。无论是担任班主任时，还是在业余训练期间，侯老师都能够关心每一个学生，激励学生全身心投入练习，通过变换练习的内容、方法、形式、场地、器材等要素增加趣味性和吸引力，使学生愿练、乐练、常练。

三、执着进取，攻克科研难关

执着的进取心，是侯继军走向卓越的又一道阶梯。参加中原名师培育的经历，再次验证了他的不服输、不放弃精神。

在中原名师培育的过程中，每个人都要申报一项科研课题。对于每一个培育对象而言，这既是一道高难度的"作业"，更是提升个人教育科研能力的"法宝"。完成得好，有可能顺利通过；完成得不好，则会被无情淘汰。

这或许是侯继军遇到的最大挑战。尽管多次做过课题研究，但面对这个问题，他一时不知道从何入手。满怀忐忑之下，他联想到北京师范大学林崇德教授发布的《中国学生发展核心素养研究报告》，于是把题目定为"高中体育与健康核心素养的开发与研究"。然而，在浙江省温州实验中学进行的面试中，评议专家一致认为，该题目过大、太空，不适合一线教师。就这样，课题被否定了。

怎么办？到底该如何选题？侯继军默默地告诉自己："坚持下去，不能放弃！"他一直在思考，努力探寻体育学科教学中值得研究、一线教师又能够驾驭的有价值的问题。他四处出击，主动向中原名师培育工程项目办公室的丁武营主任、浙江师范大学吴惠强教授请教，再次虚心学习教科研基础知识与方法，反复梳理多年来教学实践中遇到的实际问题，和学校体育教研组同事们多次研讨，最终从学生的终身体育意识出发、从立德树人的根本任务出发，选择了"培养高中生自主健身素养方法和途径研究"这个课题。

回顾这次课题研究历程，侯继军感触颇深，他说："选题不易，做整个课题的过程更是艰辛万分。就像是唐僧去西天取经一样，经历九九八十一难，才有可能取得真经！"

四、高度尽责，引领带动

一枝独秀不是春，百花齐放春满园。侯继军常说："中原名师，不仅仅是一种荣誉，更意味着一种责任，一种担当。"在努力向上登攀，实现自身专业成长的同时，他总是甘当"绿叶"，陪衬更多的"后来者"。

他在做新乡市兼职教研员的时候，就率先设计组织了新乡市体育教师基本功大赛，先后被河南、甘肃、宁夏、重庆等五省市采纳并推广，现在已经成为教育部的一个固定的项目，并已扩展到多个学科和领域，为众多青年体育教师的成长打开了一扇窗。作为国家体育教师基本功比赛的创始人和14年的兼职教研员、23年的教研组长，他特别注重对青年教师的培养，培养的青年教师有近百人获得国家、省、市级优质课、基本功大赛、课题等多种奖项，其中，指导的刘恒、李吉敬、杨亚乾等教师获省优质课一等奖,并参加全省优质课的现场展示活动。另外,他15次对省市名师、骨干教师、研究生、本科生进行专题讲座,受到了一致好评。

在课题研究方面,他更是不遗余力,手把手地教,心贴心地带,中原名师侯继军高中体育工作室成员里有好几个省、市级课题立项成功。他对工作室成员说:"多个课题结合在一起,大家捆绑在一起,组成的是一个相互促进、相互帮扶的团体,又是一个相互交流和学习的平台。"近年来,工作室通力协作,仅市课题专项会议就开了十几次。为了提高课题研究效益,他还聘请中原名师、国家教学名师刘新选,教研室课题专家蒋国琴,河南师范大学副教授焦现伟等专家,经常到工作室指导课题相关的研究工作,给工作室成员带来了许多具体而有效的实际帮助。

众人拾柴火焰高。中原名师侯继军高中体育工作室经常召开课题会议。每一次会议都座无虚席。每一个课题都有一群人给他们挑毛病,找问题,指出前进的方向。大家情绪高涨,争先恐后地发言。尤其是结项时,先由一个水平较高的课题组成员撰写结题报告,大家依次进行补充和完善,再拿出来开会讨论。这样,每个课题的每一个部分研究内容都是公开的,大家参与其中,都有收获,都有提高。

面对众多赞誉,侯继军不骄不躁,他淡定地说:"想到越来越多的人因为自己的帮助取得了更大的进步,我从心底感到无比的欣慰!课题研究,我们一定会坚持不懈地做下去!"

追寻侯继军老师的脚步,探寻他专业成长的足迹,无疑对我们每个人都有有益的启示——

其一,坚持学习才能夯实根基。侯继军老师是一名拥有超强学习力的体育教师,不仅拥有正确的政治理论知识,而且富有精深的学科专业知识、广博的科学文化知识、必备的教育理论知识、丰富的教育实践知识。说到底,这一切都源于他一直坚持不懈的学习。因为拥有超强的学习力,他广泛涉猎,博闻强记,为他走向卓越奠定了坚实的根基。

其二,高度尽责才能术业有专攻。多年来,侯继军老师并不因为基层学校体育学科教学形同虚设而放任自流,他以其高度的责任心鼓与呼,为加强体育与健康教学想方设法,为增强学生体质出谋划策,既成就了学生,成就了这个不受重视的学科,也成就了自己。作为一名体育教师,他始终围绕专业发展这一核心，做到爱岗敬业、开拓创新。在2017年版新课标颁布以前，就先行先试了高中体育与健康的班内选项教学，在河南省大力推广，2019年被教育部教研项目纳入实验项目，成为全国的领军人物；现在他又有了新的思路和发展方向，结合基层实践探索，对初中班内选项教学进行实验和研究，目前在全国还是唯一。他本人也成为中原教学名师、中原名师、正高级教师。在全省中小学体育一线教师中，他是唯一获得这三项荣誉的！

其三，行而不辍才能抵达目的。行百里者半九十。纵观教师群体专业发展轨迹，可以说最终抵达终极目的地的人，都是能够坚持坚守者。没有人能随随便便成功，在前行的路上，面对着"九九八十一难"，退缩、畏惧只能是半途而废，笃定、坚毅才会柳暗花明。侯继军就曾不止一次面临这样的问题，尤其是在他中原名师培训期课题被否决的那一次。但他并没有放弃而是咬咬牙又坚持了下去，并最终在专家学者的指导下确定了新的研究方向，拟定了新的研究课题。

其四，抱团成长才能行稳致远。独行快，众行远。从教师专业成长的角度看，组团发展、抱团成长是近年来以名师工作室建设为导向的教师发展的基本理念。侯继军老师在实现个人专业发展的同时，充分发挥中原名师的引领、辐射和带动作用，从体育与健康教学实践、教科研课题研究等方面培养青年教师，收到了显著的效果。截至目前，他所主持的中原名师侯继军高中体育工作室237人中将近200人都有课题，100多人都有结项的课题；2017年至今，工作室成员获得全国"一师一优课，一课一名师"奖项4人，省优质课一、二等奖30多人；工作室有1名教师评上正高级职称，多名教师评上副高级职称和一级职称，1名教师被评为全国模范教师；他指导新乡市体育教师参加历届河南省体育教师基本功大赛，将近100人获得一等奖。

（李付晓）

专注学生研究　提升教育能力

苏联教育家苏霍姆林斯基说:"教育,这首先是人学。每一个儿童,都是一个完整的世界。"陶行知说:真教育是心心相印的活动,唯独从心里发出来,才能到达心的深处。他们在谈教育时,都不约而同地把目光对准了学生,关注学生的情感、学生的思想、学生的心灵世界。为了做抵达学生心灵的教育,名师都会去专注学生研究、了解学生,真正走进学生的内心,在长期的实践研究中,凝练出自己的学生观。

一、牢固树立现代学生观

何谓学生观？学生观是指教育者对学生的基本认识和根本态度。学生观支配着教育者的教育行为,决定着教育者的工作态度和工作方法。传统的学生观,把学生看作被动的客体,使之被动接受知识,这显然违背教育的目的。而现代学生观则认为学生是积极的主体,是学习的主体,是正在不断成长的人,而教育的目的就是育人。

作为教师,我们都应当树立现代学生观。名师们已经在自己的教育行为中身体力行现代学生观。教育是什么？

李阿慧老师说,引导幼儿快乐生活,激发幼儿热爱生活,是她对幼儿教育最好的答卷。在她看来,教育是一种影响,幼儿教育的目标是引导孩子成为一个完整、幸福的人。教育的"教"不是单纯的知识传递,而是诸多方面的浸润。真正的教育智慧是让幼儿养成良好的生活习惯、形成正确的生活理念、具有良好的生存状态。基于以上理念，她以生活和游戏作为主要的教育方式，引导幼儿快乐、幸福地学习与生活。

李明校长认为，教育关乎生命，教育是生命对生命的影响。教育的意义是通过助力生命自信、催发生命自明、促进生命自觉，以改变生命的存在状态。他与学生进行平等的对话和交流，教学生学会做人、学会做事、学会相处、学会学习。他的教学是面向全体学生的，让每个学生都参与到学习活动中，他觉得这样做才是对生命的尊重。他认为教学不是教给学生多少知识，而是在知识学习中带给学生怎样的影响，留给学生多少终身受用的东西。在长期的实践、思考中，他提出了"生命教育"，要用生命影响生命。为此，他带领全体教师潜心研究学生，用教师的智慧点燃学生的智慧，做幸福的教育者，引领每一个生命幸福地成长。

侯继军老师，这个直爽、幽默的体育名师，把操场当作自己的家，把学生当作他的一切。他痴迷于体育教学，执着于学生自主健身的研究。他关注学生，研究学生，激励学生，引导学生全身心地投入体育锻炼中。他认为，作为一名体育教师，有责任、有义务引导每一个学生坚持锻炼，做到自主健身，做青春健康、活泼阳光的少年。他把自主锻炼的理念根植于学生心中。他无愧于自己的职业，也无愧于操场和跑道。

从三位名师的身上，我们不难发现，他们既教书又育人。他们尊重每个学生；他们眼中有学生，心中装着学生；他们的育人目标就是生命的成长，这不正是现代学生观吗？他们以"一切为了每一个学生的发展"为工作理念，努力做到面向全体学生。为了全体学生的发展，力求学生都能获得成功的体验；为了学生的全面发展，使学生各个方面的素质得到全面、均衡、和谐的发展；为了学生的个性发展，体现了"以人为本、以学生为本"的教育思想。

他们的事迹给了我们怎样的启示呢？作为教师，我们要努力构建现代学生观，也只有在正确的学生观指导下，才能最大限度地开发学生的潜能。纵观古今中外教育发展历史，孔子与苏格拉底是东西方的大思想家和教育家，是东西方教育源头的两大巨人。一位是中国的"圣人""万世师表"，另一位是西方的"智者""众师之师"。他们对待学生都是一视同仁，有教无类。

肖川博士曾说:"学生是有着完整的人的生命表现形态、处于发展中的、以学习为义务的人。"中国著名教育家、华东师范大学终身名誉教授叶澜也曾说过:"新的学生观更关注学生发展的潜力和多样性的统一,关注潜能的开发,把他们的现在作为起点,而不是终点来看待。""新的学生观就是注重学生发展的主动性、潜在性和差异性的学生观。"

综上所述,这些学者对于现代学生观至少有这样一些共识:每一个学生都是独特的个体,作为教育工作者,我们必须尊重学生并深入到学生独特的内心世界;每一个学生都是有潜质的发展中的人,我们要用发展的眼光去看待他们。我们应该真正地把学生当"学生",尊重学生的生活经验和独特体验,充分关注每一个学生身上蕴藏着的丰富、独特的发展"资源"。

二、用现代学生观指导研究与实践

全国十杰教师刘可钦说:"一个教师,只有经常地学习、积极地实践、自觉地反思与调整,用研究的眼光看待日常工作,才能从平凡的、司空见惯的事物中看出新的方向、新的特征、新的细节,才能在平凡的教学实践中寻找不平凡的感受,寻找教育的真谛。"由此可以看出,作为一名现代教师,在充分、深入了解学生的基础上,应该以现代学生观为指导,在学习、实践、反思、研究、总结提炼中不断提升育人水平。

以现代学生观为指导,应始终将研究的着眼点指向学生。教师对学生的真正关爱,表现在对生命的尊重,这既不是形式,也不是姿态,而是发自内心的愿望和切实的行动。李明校长在持续不断的思考、研究中,形成了自己的教育主张,这是他通过长期对教育现象不断思考和对教育本质不停追问而形成的对教育的理解,这既能丰富教育的内涵,又能够使教育以生为本,不忘初心,始终引领生命不断成长。他将生命教育的理念融汇于学校各项工作中,带领全体教师学习研究,构建多个学习共同体,开展相关实践研究,并及时物化研究成果。对生命教育课题的研究,使李明校长和他的团队成员的教育观、学生观、学习观、课堂观等都发生了变化,育人水平得以不断提升。在李明校长的引领和学校老师的精心指导下,学生创客团队在全国比赛中屡创佳绩，在第四届中国国际发明创新展览会上，有220人获奖，其中1名同学获得"未来发明家"荣誉称号。

以现代学生观为指导，应针对学生的现实表现切入研究活动。基于学生实际的研究，可以促进对实践的梳理、思考，促进理论水平的提升和育人能力的提高。在无意发现的学生拍土游戏中，李阿慧老师得到了启发，开启了手指游戏的研究。开始她想利用手指游戏在课前吸引学生的注意力，在课中活跃课堂气氛，在课堂结束前放松幼儿的身心，但当她发现手指游戏的诸多好处后，就开始进行深入的研究。在研究中提炼总结，发表了多篇相关的文章，并主编了园本教材《手指游戏跟我学》。李阿慧老师关于手指游戏的研究成果现已在多所幼儿园推广使用，提高了许多幼教老师的育儿水平。

以现代学生观为指导，应在研究中促进学生身心健康发展。名师精通专业知识，是其专业领域的权威或学科带头人，他们注重的不是研究本身，而是借助研究获得的成果及其推广应用，开展符合学生身心发展规律的教育教学活动，促进学生身心的健康发展。侯继军老师就是这样的名师，他认为，要想提高学生身体素质，就必须养成学生自主锻炼身体的良好习惯。为此，他带领团队坚持进行学生自主健身的研究。他说，要把学生自主健身研究当作终身研究的方向，通过研究成长自己，提升育人能力，同时，带给学生心情的愉悦、技能的提高、心智的成熟。

总之，名师一般都有优秀的道德品质，有独特的人格魅力，有自己的教育主张，有良好的教育效果，为同人所熟知，为学生所欢迎，为社会所认可，有相当的名气和威望。他们不仅重视研究课堂教学，而且同样重视研究学生，在实践中不断探索研究学情，形成自己的学生观，并为之不断地践行、改进、完善。

（李付晓）

第五章 基于教师研究 提升名师引领能力

有人说：在中原名师培育工程的实施和推进过程中，中原名师工作室是点的凝聚，能够夯实底盘；是线的延伸，能够内化结构；是面的辐射，能够共享智慧。葆守着"资源共享、智慧生成、全员提升"的初心，中原名师工作室负责人围绕"教师专业成长"的主题，做出了一系列的研究和实践，探索形成了主题教研、混合式研修、教研联动等有效的教师培育模式，充分发挥了中原名师工作室对教师专业发展的指导、支持、提升和优化，真正实现了吸收一批、发展一批、壮大一批、带动一批、扩大一批、影响一批的初衷，助力全省教师队伍梯队体系的建设。

凝聚智慧，燃烧激情，唤起灵性，收获成长。基于教师成长，坚持行动研究，通过内外互动、多元化的引领方式，在引发教师"感动""激动"和"心动"的同时，帮助、指导和促进他们去"行动"，将学习成果迁移和转化到教育教学实践当中，实现从"听到"到"悟到"再到"做到"的过程生成，更好、更多地为一线教师改善教育教学行为提供服务保障，实现教师成长力的提升，培养带动一批教师成长，持续发力，助推教育均衡发展。这就是中原名师培育工程更深远的意义所在！

依托主题研究　打造发展高地

树木生长靠的是根部吸收水分和养料，树木成材靠的是园艺技师的精心修剪和培育。百年大计，教育为本；教育大计，教师为本。依托教研平台推进教师专业成长，是实现和谐、有序、高效、良性发展的恒久之道。

一、研修育人，博雅成长

在有着"豫、鄂、陕三省雄关"之称的邓州市，坐落着这样一所学校——邓州市城区四小北校区，这是一所 2016 年秋刚刚投入使用的新学校，然而，就是这所新学校，在短短两年的发展历程中斩获了河南省教育名片学校、河南省教师发展学校、河南省教师教育联动发展基地学校、河南省研学实验校、河南省校本教研实验学校、邓州市课改工作先进单位等多项殊荣，成为豫西南一张亮眼的教育名片。

"城区四小北校区能够走到今天，获得诸多的荣誉，这真是得感谢社会各界的支持和市教体局英明的决策与领导。"谈及"主题教研活动"的缘起，张老师感慨地说。这话还得从邓州市教体局的一项教学改革举措谈起——

2017 年，邓州市教体局提出了"学校校本教研主题化，以主题教研实施和推进校本教研"的教育教学管理新思路。项目启动会后，市教体局原师训科科长房炳安同志意味深长地叮嘱张老师："思路定下来了，但究竟应该如何去做，大家都是摸着石头过河。作为中原名师培育对象和名师工作室负责人，你和你的团队要充分发挥名师及工作室的示范引领、辐射带动作用，把促进教师发展作为追求办学特色的主旋律去研究，去实践，去探索，引领教师的专业化成长，促进全市教研活动扎实有效地开展。"此刻的张雅，初任校长不久，正在思考如何带领团队朝着更快、更强的方向发展，如何以教研促发展，以学校教师专业化水平提高促进创新人才培养，实现学校可持续发展战略。房科长的一席话恰若一束光，为她指点了迷津，照亮了前行的方向。

返校后的张雅，顾不上休息，便召集团队成员一起精细研究教体局的文件精神，坚定信心，形成共同愿景，并结合校情实际，制定了"以建设学习发展型学校为目标，以打造优秀年轻骨干教师为核心，以校本培训和校本教研为载体，全面推进教师专业发展学校建设"的教师发展行动策略，确定下了"让教师出彩、让学生卓越、让学校腾飞"的目标定位。一场围绕"主题教研活动推动教师专业成长"的实践研究就这样启程了……

因为研究的是一个相对全新的主题，面对研究方法、实施途径不甚明了的现状，当张雅满怀信心和憧憬将"主题教研活动"向团队推荐，并期待着轰轰烈烈大干一场的时候，却蓦然发现大家的参与热情并不像想象的那么高涨，甚至有关系好的成员私下给张雅"拔气门芯"："雅，咋弄个这哩？你是新官上任，要点好三把火，这主题教研模棱两可的，无从下手实践不说，你到年终写述职报告想提炼个成果连参考资料都不好找……"面对大家低迷的情绪，张雅只是淡然一笑，告诉团队成员："问渠那得清如许，为有源头活水来。做研究是一件需要沉得下来的事情，在方向未明、途径未清的时候，我们可以研究文献资料，向前人学习取经，那些在浩繁的资料中大浪淘沙提炼出来的东西，一定可以帮助我们清楚地知道别人已经做了什么，取得了哪些成就，存在哪些不足，你要做什么、怎么做。"面对张雅笃定的眼神，大家也不由得点头称是。

说了算，定了干。接下来，张雅带领着团队成员开始了研究前的"理论萃取"之路。大家注册中国知网、购买会员，查阅大量关于"主题教研"的文献材料。于是顾泠沅的《对校本研修渊源和开展现状的思考》、余文森的《速度、深度、温度的和谐统一》、董文起的《如何开展校本主题教研》等专著被一次次翻阅。他们邀请市教科所康全召所长及教研室的专家多次到工作室展开交流指导，分析前人的研究成果、研究方法、研究重点，分析国内外对此问题的主要分歧和焦点，分析相近学科或课题的已有成果，站在巨人的肩膀上开拓思路。同时，张雅还引领着团队成员们梳理自我成长经历，结合文献查阅，尝试从个人成长历程中总结有效的、可行的、适合本土特征的"主题教研活动"方法途径，初步确定以"专家讲坛""互动研讨""定向交流""专题汇报""自由研修"为主的教研活动方式。

回顾那段时间，大家好像被一粒小小的火种点燃了，真的是没吃过一顿囫囵饭，没睡过一次囫囵觉，除了上课，讨论的就是这个主题教研，喜怒哀乐似乎都变得特别简单……

二、引领带动，谱写华章

"以一人之力，带动教师成长和学校发展，这不是一件轻松的事情，有想过退缩吗？"当言及过程之艰巨，张雅轻描淡写地说："哪能不遇见困难，在进展不顺利和遭遇不理解的时候，也会有所退缩，但很多时候，蒙头睡场大觉或者出门吃顿大餐，这个念头就会很快被甩掉，因为，我不是一个人在前行，也不是为自己一个人在奋斗……"

作为名师工作室主持人，张雅表示：她始终不能忘记在中原名师培育工程学习期间，河南省基础教育教学研究室的丁武营主任多次和他们谈起的"中原名师培育对象的选拔遍及全省各地市和各个学段学科，102名培育对象是一个整体，每个人都是一方教育的形象代言，每个人都有自己的位置和使命"。也就是从那时开始，张雅暗暗定下了"用自己的智慧和成长，辐射带动一方教育发展，做好邓州教育形象代言人"的信心与决心。

就这样，沿着既定的目标前行，在"主题教研活动"的推动下，在张雅老师的带领下，四小北校区有条不紊地开展起了"名师大课堂""集体备课""主题教研""名师送教"等活动。全校上下凝神聚气促发展，全体教师扎扎实实快乐成长。在坚持不懈的实践和完善中，张雅和她的团队逐渐构建起了"主题教研活动设计与实施途径"的框架蓝图。

1. 实施"四轮驱动",夯实战略发展之基

(1) 目标驱动。开展"教师成长年"活动,每位教师根据《四小北校区发展行动纲要》,结合实际制定个人专业发展规划。

(2) 管理驱动。成立领导小组,建立分层定期选拔制度,跟踪培养,动态管理,把教研、科研、师训三者合一,开展多种形式的培训活动。

(3) 教研驱动。坚持集体备课制度和听评课制度,做到备课"研"教材、说课"研"教法、上课"研"过程、评课"研"效果。通过公开课、研究课、观摩课等途径,在不同范围内进行说课、反思、听课、评课、再反思等系列教研活动。根据学科特点,针对教学中存在的问题,专门研究探讨,及时改进教学中的不足,不断创新各学科教与学的方式和方法。

(4) 机制驱动。根据不同的内容和层次,派出不同的教师外出交流与学习,按照专题组织校际交流和参加学术会议等活动。建立教师自评互评、学生评价、家长评价、学校综合评价等多元化评价体系。

2. 采取多元举措,增强教师专业成长后劲

(1) 推门听课。把推门听课作为掌握教师工作态度和工作能力的最直接手段,并于听课后发挥听课的监督、评价、指导、研究功效,变评课为议课,与教师交换听课意见,以课为例将成绩与不足条分缕析,对共性的问题及时研讨交流。尤其对能力薄弱、教学有困难的教师,进行具体的实践指导,变"不应该如何做"为"怎样做会更好",为教师指明努力的方向。

(2) 送教下乡。为优秀的年轻教师搭建乡镇支教和送教的舞台。目前,张雅团队已到邓州市多个乡镇开展送教活动30余场,通过课例示范、同课异构等方式上示范课,有效发挥了人才集聚效应、团队提升效应和互促优化效应。

(3) 课堂研究。研究优秀课堂教学案例,如于永正、吴正宪、张齐华、窦桂梅等名师的课堂教学案例和评析,教师通过名师的示范和讲评,深刻地把握课改的本质,掌握课堂教学的规律;同时组织教师观看自己的课堂教学录像和学区、校内的优秀课及示范课,结合自己的优势和不足,改进教学实践,锤炼教学风格。

(4) 骨干引领。成立校学术委员会专家组,邀请部分区级以上名师、首席教师、学科带头人担任智囊团成员，发挥骨干教师的带动作用；举办骨干教师公开教学活动，承担或主持课题；鼓励骨干教师参与教师培训，开发自培课程；分层面、分学科、分小组定期开展研讨活动。

（5）名师晒课。为区级以上骨干教师量身定制"名师晒课"活动，有别于公开课的华丽，名师"晒"的课要求以家常课为主，让年轻教师在朴素的课堂中感受常规课的模样。

（6）课题研究。围绕"课题、课堂、课程、质量"这一主线，以任务为驱动，以问题为中心，积极鼓励全体教师参与课题研究。加强"微型课题研究"的专题培训，并以学科组、教研组为单位，充分利用学科教研的时间进行"微课题、微课程、微教研、微创新、微论坛"等行动研究，着力解决学科教学实践中的问题困惑，每月定期交流课题研究的收获和心得，分享经验，共同提高。

（7）抱团发展。分学科规划，以骨干教师为引领，建立基于同伴的专业发展共同体，定期召开多样化的主题教研活动，如：围绕同一课题、主题而进行的评课、研课，围绕读书、写作进行的阅读、分享活动等。

（8）建立档案。明确各层面教师职责、任务与要求，印制骨干教师、青年教师成长手册，完善教师专业成长考核办法与指标体系，建立成长档案，记录自我成长过程。

3. 推进五大工程，构建教育发展蓬勃生态

（1）读书工程。开展"名师好书推介"活动，每学期举办一次"读书节"，以读书笔记、教学集锦、读书报等为载体，开展"读书心得展示""好书推荐阅读品评""读书演讲会""好书漂流"等活动，引导教师坚持书写教学反思和教育叙事，评选"书香教师""书香教研组"，让读书成为教师的一种教育行走方式。

（2）青蓝工程。出台师徒结对活动方案，举行传统、热烈而真诚的"拜师礼"，要求师傅和徒弟分别要做到"三带"（带师德、带师魂、带师能）、"三学"（学思想、学做人、学本领），徒弟要在师傅指导下认真完成"六个一"研修任务（一节优秀的教学设计、一节微课、一节汇报课、一份高质量试卷、一篇教育专著的读书心得、一篇教学总结或论文）。师傅点灯引路，徒弟从容迈步，从带着研修走向自我修炼，从被动发展走向主动成长，让青的更青、蓝的更蓝。

（3）名师工程。以张雅名师工作室为主要平台，实施名师带徒培养模式，将"3211工程"（工作室及成员制定3年发展规划，每学年组织开展2次集中教学研讨，每学年举办1场教育论坛，编辑1份教育教学内部刊物）作为倾力打造优秀教师的"孵化器"，对团队成员进行个性化打磨，形成个性化教学主张和教学风格，实现名优师资从"星星之火"到"燎原之势"的可喜转变。

（4）开放工程。与北京市第一六一中学附属小学、北京市丰台第一小学、南阳师范学院进行多层次、全方位的交流与合作，利用一切可能机会组织教师到京城名校、兄弟县市考察学习、联谊教研，给成长中的教师送上最好的教育"养分"，助推教师扬帆远航。

（5）课程研发工程。把校本课程开发作为促进教师专业发展的一个途径，帮助教师在课堂上重建他们的知识观及与学生之间的教育关系，实现与学生协作和阐述知识方式的不断重组，帮助教师对自己的教学行为进行再思考。

两年的时间不长，但收获颇丰。在张雅的带领下，她的团队中，现有河南省学术技术带头人2人、河南省名师3人、市级名师4人、市级骨干教师23人。在教育部组织开展的"一师一优课，一课一名师"活动中，芦颖、孙萍老师获部级优质课一等奖，杨俊艳、刘慧芳、魏令君、黄静老师分别获河南省一、二等奖；在邓州市举办的"三贤杯"青年教师教育技能大赛中，蔡艺术、鞠燕飞、孙明彦等8名参赛教师俱获一等奖，一批年轻教学新秀脱颖而出。与此同时，学校也荣获了2018年国家级"终身学习品牌项目"等多项荣誉，《中国教育报》、《教育时报》、北京电视台、邓州电视台等多家新闻媒体对张雅以及她带领下蓬勃发展的四小北校区进行了专题报道。

谈及荣誉和成绩，张雅脸上现出了一抹羞涩，她说："'在人的心灵深处，都有一种根深蒂固的需要，这就是希望自己是一个发现者、研究者、探索者。'我一直特别喜欢苏霍姆林斯基在《给教师的建议》中说的这句话。方向不对，努力白费。这些成绩的获得很多时候源于方向定位的正确和团队孜孜以求的努力，我只是做了中原名师及工作室应该做的示范引领和辐射带动……"

三、课题研究，深度思量

2018年，张雅主持并申报了省级课题"小学数学主题教研活动设计与实施的研究"。她说："通过两年的摸索和实践，在主题教研这条路上，我和我的团队已经积累了一些经验，获得了一些成果。但这些都还只是停留在比较浅显的层面，需要更好地进行深化、细化研究。如何让主题教研走出工作室，走出城区四小北校区，更好地为教师发展服务？我们感到要以课题研究为推手，来做更为深入的实践和完善，力争通过努力，形成一套完整的关于主题教研活动设计与实施的体系，推动邓州教育乃至更大区域的教育稳步发展。这，是我的初心，也是我的责任所及和终极目标所在！"

2018年3月，在浙江舟山召开的中原名师课题立项答辩考核会上，面对导师们"你的课题要通过怎样的策略得到一个怎样的目标？""前测的相关对象维度是否明确？""研究题目是否聚焦到一个具体的可操作性题目？"等具有深度和挑战性的问题，张雅老师依据自己已有的实践经验和阶段性成果一一娓娓作答，得到了评审导师们的一致认可，最终以理科组第一名的优异成绩顺利通过了立项评审。

关山初度尘未洗，策马扬鞭再奋蹄。张雅老师的"主题教研"在当下"校本研修"的阵营中开出了一朵静雅的花，从她的实践成果中我们不难看出——

对于教师来说，只有能够满足专业成长需要、解决工作困惑的学习和培训，才能激发出他们内在的主动学习、研究和实践的动机和欲望，才能让他们感受和体验到获得专业成长、实现自身价值的乐趣。教研活动的主要目的是切实提高全体教师的专业素质，增强教师的课程实践能力，因此，基本点必须放在课堂教学和课程改革实施过程中教师所遇到的实际问题上，着眼点必须放在理论与实际的结合上，切入点必须放在教师教学方式和学生学习方式的转变上，生长点必须放在促进学生发展和教师自我提升上，在全面实施的基础上深度推进基础教育课程改革。

张雅老师的"主题教研活动"探索，紧紧围绕"课题、课堂、课程、质量"这一主线，遴选与教学实践、教师体验直接关联的典型性共性问题为教研内容，采用课例对比示范、案例分析与体验相结合等多元的活动方式，充分有效地发挥了教师在教研中的主体作用，调动了教师发展的内在驱动力，激活了教师内在的研究潜能，提高了教师的学科素养、教研意识和科研能力。同时，通过一个个教研主题的实施，将学科教师团结在一起，有效实现了促进学校教师素质整体提高的目的。

墙内开花，墙外芬芳，在"主题教研活动"的研究道路上，张雅和她的团队已经再踏征程，或许道路曲折坎坷，或许一路有汗水相伴，但我们有理由相信，只要目标明确，步伐坚定，他们必定能够攀上高峰，有所建树，通过主题教研活动，让教师更优秀，让学生更幸福！

（徐美展）

聚焦混合研修　多元集智聚力

走进中原名师李慧转小学数学工作室，首先映入眼帘的是几个入木三分、力透纸背的篆书大字：悦慧人生，志达天下。作为工作室的理念，悦慧人生寓示工作室团队豁达乐观的人生态度和价值观，矢志打造幸福完整的教育生活的决心；志达天下寓示工作室团队已欲立而立人、己欲达而达人的胸怀，以及在幸福完整的教育中和谐发展、共创辉煌的美好愿望。作为工作室负责人，李慧转老师身体力行地践行着这样的工作理念。

一、问渠那得清如许，为有源头活水来

诚如冯卫东老师在《今天怎样做教科研：写给中小学教师》一书中所述："教师的工作既需用自己的心灵，又最为关乎他人的心灵。教师要常常在自己的心灵中漫步，漫步是自由、从容和惬意的，它能使教师获得省思、发现和滋养自我的机会与能力。在这一过程中，教师整个的教育生命也将有所拔节，有所成长。"在教坛中行走的李老师，每时每刻都在蓄力前行，也每时每刻都在反观思考，在引领和担当中，用自己的智慧和才能帮助、成就别人的同时转而完善、提升自我，促使团队成员在相互呵护中催发对事业的追求与教育的睿智，实现有质高效的教师专业发展。

早在2013年，李慧转老师就率先主持并申报了"教师专业成长督导体系的研究"这一省级教育科研课题。李老师已经清晰地意识到要想真正

实施个性化教育，首先必须实现教师本体的发展，扎扎实实地解决教师专业化发展的问题。在为期两年的研究实践中，李老师带领着团队成员，在实际教育教学管理的过程中，建立行之有效的督导工作机制，不断强化学校内部教育教学督导，加强教师队伍建设，促进教师专业成长，为学校向更高层次发展，保障教育教学的规范性、科学性和效益性起到了很好的引领作用。

在中原名师培育工程中，李老师申请的研究方向是"混合式校本研修模式"。她说："近年来，江苏、山东、河南、福建、安徽、河北等地教育行政部门先后出台《名师工作室发展建设与管理的办法（试行）》等文件，对名师工作室的基本性质、建设目标、工作重点、组织建构、基本职责、保障机制等做了相应规定，但从总体上来说，名师工作室的相关研究还是思辨色彩多，实践操作少；定性研究多，定量分析少。同时，就名师引领辐射的渠道来说，目前也普遍存在着培训形式单一，培训内容对教育生活中的具体问题和情境问题关注不够，不能有效促进培训参与者之间的互动及经验智慧共享，教师参与积极性不高，培训实效性不明显等问题。探讨有效的教师培训模式，促进教师专业成长的主体参与是一个亟待解决的问题。作为中原名师团队的成员，我有责任在发现问题之后，通过实践寻求解决问题的方法，去为名师带动下的教师专业成长做出自己的一些努力。"

思维的火花闪过，就像智慧的种子萌芽。在海量的资料阅读过程中，李老师敏锐地从已有教学经验、当下教师发展趋势和教育改革前沿理念中捕捉到"混合式研修"这个关键词，并将课题研究方向明确为"名师工作室'混合式培训模式'引领教师专业发展的研究"，以期通过研究把握好教师专业成长的基本着力点，探索名师工作室"混合式培训模式"，使之走上良性的可持续发展之路；以促进更多教师的专业成长，从而起到推动教育均衡发展、推动教学健康发展和成就学生的终身发展作用。她用一周时间快速地将研究思路进行了梳理和归结，形成文字框架并呈报浙江师范大学导师指导。"在研究过程中拓宽工作室研修的途径和内涵，在助推工作室发展的同时，创新渠道引领更多的教师专业成长"，这样一举两得的研究思路得到了导师的充分认可。

二、纸上得来终觉浅，绝知此事要躬行

开题前的那段时间，李慧转老师利用课间闲暇，泛舟书海和网海，查阅学习"混合式培训模式"的相关文献论述和案例剖析，仔细阅读了《混合式研修：信息时代的教师专业发展》（蒋国珍）、《混合式学习的理论与实践》（黄荣怀、周跃良、王迎）、《混合式教学成功手册——让课程快速上网》（冯菲、刘玲）、《教师怎样进行校本研修》（严先元）、《和周老师一起做校本研修》（周步新）等相关图书，学习记录，条分缕析，剖析它们之间的共性和差异。同时，针对工作室成员的年龄、职称、教学特点以及教学经历，深入挖掘，寻找切入点和突破口。多少个课间闲暇，她走访调研于教师和学生之间；多少个双休假期，她流连在阅览室和图书馆；多少个孤灯夜下，她学习思考奋笔疾书……

2017年11月，开题答辩在浙江余姚如期举行。答辩会上，面向评审组，李老师从"问题的提出，研究的意义""核心概念界定""国内外相关研究文献综述""研究目标，研究内容，研究的重点、难点，研究的创新点""研究方法""组织分工""研究进度安排与阶段性成果""经费分配和保障措施""主要参考文献"等九个方面对这个崭新的、稚嫩的课题进行了长达半个小时的课题陈述，言辞恳切，目光坚定。陈述终结之时，评审专家频频颔首，会场响起热烈的掌声。

对于此项课题的立项，三位评议专家一致认为选题具有现实意义，准予通过，但同时，浙江师范大学陈秉初教授也代表评审组，针对"研究的主题内容不够突出"提出了中肯的建议，希望能够再次聚焦和提炼主题内容，对"名师工作室"的"混合培训模式"分类进行深入的理论思考与实践探索。

这天中午，李慧转老师没有去餐厅，而是径直回到了房间，伏在不大的工作台上，将评审组的意见进行反复推敲和斟酌，将研究方案改了又改。直到下午4点，她才从笔记本电脑中收回目光和思绪，最终将课题导向定位为：基于教师专业素养和发展需求，通过混合式主题研修，深入研讨，总结培训经验，提升专业发展技能，构建教师培养新的模式和平台，为工作室发展形成新的思路，实现示范、辐射、带动作用的新突破。同时，

她将研究内容进行了分类细化：一是工作室"线下研修培训"的方法策略研究，二是工作室"线上研修培训"的方法策略研究，三是工作室"共同体联盟"组建的方式及发展策略研究。

三、千磨万击还坚劲，任尔东西南北风

只有火热的教育现场，才是课题研究最适宜的气候；只有鲜活的教育行动，才是生长教育理论最湿润的土壤。前期的教学经验、研究成果和深入学习，为课题的顺利开展铺平了道路，一场充分发挥成员主体作用，以混合式研修为主，关于"混合式学习模式"和"教师专业发展"的课题研究，在李慧转老师的指导下稳扎稳打地开展起来。

围绕着课堂教学和教师成长过程中的共性和个性问题，李老师带领和组织团队成员开展内容精当、素材充实、表达生动、引领性强的专项学习和主题沙龙。李老师以学科能力提升为核心，以典型案例为载体，走进常规课堂，研究典型课例，开展深度同课异构，引导全体成员积极主动地、创造性地介入到活动中，在参与体验中收获提升。在研讨中，在多元视角的研讨和观点的碰撞中发现问题、分析问题和解决问题，发挥集体智慧，打磨精品课堂，将研与培有效结合。

然而，就像人生本没有一帆风顺，都要经历一些挫折和失败一样，在助推"网络研修常态化"的混合式课例研究时，李老师也迎来了课题研究以来最大的困难和挑战，但这份"难"，不是难在技术和操作，而是难在观念转变，难在人心向背。

直到今天，回忆起那些走过的沟沟坎坎，李老师还是不由得连连喟叹：在网络研修向校本化、常态化转型的初期，教师研修规范化、信息化、精致化的新要求与原有观念、经验、思维方式和研修习惯有所反差，这一转型，意味着要从习惯于临渊羡鱼到学会退而结网，自然没那么轻松。改变教师固有的研修习惯，学会新的研修方式，适应研修、沟通、合作方式改变带来的各种不适反应，激发教师的专业自觉，既需要加强领导和制度的外部力量，更需要教师有内生性的成长愿望，这是李老师面临的最大挑战。

为了有效解决这一问题，李老师建立起了名师工作室网站，同时通过

平顶山市教育局鹰师联盟、博客、QQ群、微信群、名师微博等平台，牵头组织了"共读一本书""共写一篇文""共研一节课"等活动。她引领工作室全体成员共同学习史宁中教授的《基本概念和运算法则》，定期在工作室网页上发布读书心得，把自己教学实践中遇到的问题和"和乐课堂"精品课例在线上分享，每天坚持读书打卡，记录反思，交流研讨，一个学期下来，网络研修和大家的生活逐渐融为一体，成为不可或缺的一分子。在同伴的指导和批评中，在智慧的碰撞和研讨中，大家开阔了视野、盘活了思路，也逐渐体会到了混合式研修的甜头和价值，整个团队开始爆发出空前的学习热情。

改变，只能改变愿意改变的人。如果教书的不爱书、不读书，教学的不愿学、不会学，什么研修也白搭，然而，这种情况在现实中并不鲜见。为了巩固混合式培训的成效，更好地通过研修引领工作室专业发展，李慧转老师对自己和团队成员提出了明确的定性要求：要求全体成员正确定位、正确认知，清楚教育教学及教师的成长问题靠谁解决，怎么解决，要反思和找到现有培训研修不能很好地为教师解决教学问题提供帮助的原因，从而努力创造出受教师欢迎、能帮助教师解决问题的研修项目和研修活动。

四、敢为常语谈何易，百炼工纯始自然

日月不肯迟，四时相催迫。转眼，日历翻至2019年的春天，李慧转老师的课题研究也到了结题的时刻。回望走过的时光，翻看着沉甸甸的过程记录和呈报成果，每一位参与其中的人都不由得热泪盈眶。

两年来，遵循着"以课题研究为依托，以课堂教学为载体，以教学问题为对象，以反思提高为特征，以同伴互助为宗旨，以专家引领为契机"的工作思路，李慧转老师带领着课题组从前期调研、建章立制、运行实施、反思改进到推广应用，有条不紊地开展了一系列颇有实效的工作，有效整合了"讲授、诊断、行动""参与、分析、分享""任务、自主、合作""体验、实践、反思"等培训元素，构建了一体化的区域内混合式教师培训模式，让教师在不同的参照系中找到自己的节点，增强了培训的实践性、针对性

和实效性。

1. 专家讲座，注重引领

聘请省内外教研员和教育专家、名家开设专题讲座，讲座内容既有前沿的教育教学理论，也有就学科某一具体问题展开的课例分析，通过主题聚焦、内容聚焦、方法聚焦，帮助教师们拓宽视野、丰富知识、转变思想、更新理念、丰厚积淀，实现理论素养的不断提升。

2. 专题研修，注重提升

以成员的学科能力提升为核心，采取集中辅导和分散自学相结合的形式，开展对于课程标准、数学思想方法以及核心关键词的问题研究。引领大家研读人教版、苏教版、青岛版等多册教材，熟悉教材的编排体系，并思考编者如此编排的意图、目的，定期在工作室网页上发布读书心得，开展深层次的学习交流活动，提升学科素养。

3. 观摩展示，注重示范

依托"和乐课堂"开展教学风格研究，以典型案例为载体，走进常规课堂，基于教学现场，研究典型课例，开展深度"同课异构"活动，在多元视角的研讨和观点的碰撞中提升教师发现问题、分析问题、解决问题的能力，将研与培有效结合。

（1）打磨一节特色课堂。综合各版本教材内容，制订磨课计划，以教研组为单位，组织"课例研磨活动"。其中，研课环节着力开展课例研讨，进行对照反思，突出经验学习；磨课环节突出课堂教学问题的解决，围绕教学目标、教学内容、教学方法与手段、教学评价等进行打磨，不断改进教学设计。课题组遴选优秀课例教师跟踪整个研磨过程，给予充分指导，其他学员及时参与研讨，及时调度打磨进程，生成精品课例，撰写磨课总结。

（2）开展教师教学风格研究。指导每位成员进行内省性的课堂研究，研究自己的课堂，反思调整自己的课堂，总结归纳自己的课堂，写作提升自己的课堂，在"我的模式我的课"的基础上，坚持突出一项、改革一项、研究一项、获得一项，逐步形成自己独特的教学风格。

（3）青教培养。通过名优、骨干教师与培养对象结对子的方法，指导名优教师进行自我经验萃取和示范辐射，通过开展对培养对象进行教育教学理论、学科教学知识"传、帮、带"的活动，在"跟着走，做中学"的过程中丰盈自己，成就他人，实现双向进步和成长。

4. 课题研究，注重实践

以"名师工作室'混合式培训模式'引领教师专业发展的研究""小学数学课堂教学中渗透数学思想方法的策略研究"两项省级课题为载体，强化基于教学现场的"听、评、赏、议"系列教学实践活动，走进常规课堂，研究典型课例，开展深度同课异构，打磨精品课堂，营造学员参与的情境，让学员积极主动地、创造性地介入到活动中，从而获得教育经验，在多元视角的研讨和观点的碰撞中提升学员发现问题、分析问题、解决问题的能力。

5. 网络研讨，注重交流

开展网络研修活动，通过李慧转名师工作室网站、平顶山市教育局鹰师联盟、博客、QQ群、微信群、名师微博等平台，建立全方位的网络研修机制。开展丰富多彩的研修活动，推动成员向自己学习，以网络平台的培训课程和研修资源为支撑，不断设计、反思、改进，实现在"教中学"；向专家和同伴学习，把自己的问题和案例在线上分享，获取专家和同伴的指导与建议，在碰撞、交流、研讨中，分享智慧，开拓解决问题的思路，实现教与学相结合、教与思相结合、教与研相结合，通过网络同伴互助合作，进行案例研究，实现经验提升和转化，发展专业素养和研究能力。

6. 建立联盟，注重协作

教育协同发展，是信息社会赋予混合式研修的一个新的发展途径，不同群体的研修联盟共同体构建，可以有效地实现区域内资源共享，开创合作共赢的良好局面。

（1）高校协作联盟。在平顶山市教育局的引领下，工作室与平顶山学院建立了协作联盟发展关系。联盟成立后，搭建了三个交流平台：一是沟通交流平台，实现联盟内高校人才与基层教师定期的互相交流、学习、指导的机制；二是搭建人才培养平台，高校专家到工作室指导促进了工作室的发展，工作室成员到高校与师范生交流，促进了高校师范生的发展；三是搭建资源共享平台，为高校、小学、工作室寻求教育、科研等合作搭建资源共享的桥梁。

（2）组建名师共同体。为了更好地发挥名师的示范、辐射作用，推动校本研修的进行，在平顶山市教育局的引领下，工作室牵头组建了"平顶山市小学数学名师共同体"，由李慧转老师任共同体组长。在校本研修过程中，工作室的研修与共同体的研修融合进行，定期开展教学研讨、读书沙龙、送教送培、专题讲座等活动，较大地发挥了共同体中名师的示范、引领、指导和带动作用。

（3）组建学科共同体。联合河南省各地市的十一个小学数学名师工作室组建中原名师小学数学共同体。共同体一年定期开展两次活动，每次活动由一个地市的名师工作室承担，每次一个活动主题，通过主持人论坛、课例研讨、专家报告、课题研究等形式，促进不同地市之间名师工作室的深度交流，通过各级专家的专业指导，寻求名师成长新模式，引领全省小学数学教师开阔视野，向高层次、高水平、高素质的名师团队迈进，并以此带动全省小学数学基础教育教师队伍整体素质的不断提升。

通过理论学习，丰富成员的文化底蕴；通过课堂实践研究，促进成员教育智慧的生成；通过课程案例研发，提升成员的课程建设能力；通过网络互动交流，培养成员的合作分享意识；通过专家的引领，打开成员的学术视野；通过跨区域的名师共同体联盟，促进区域教育的均衡发展。"名师工作室'混合式培训模式'引领教师专业发展的研究"课题组走过的这两年，是立足于教师专业自主权、扎根于教育教学实践的两年，是从教师发展需求出发、引领教师成长从被动发展转向主动发展的两年，是共同构筑读书生活、网络生活、实践生活、培养学术共同体的两年，是以教师的专业发展提升教师职业幸福、为学生的终身发展奠基的两年。

在谈及课题研究的主要经验和体会时，李慧转老师说："教育的真谛是帮助每个人成为他自己，而名师工作室的职责是助推工作室成员乃至更多的教师实现专业成长，体现人生价值。混合式研修是基于实践为教师成长找到的一个突破口，虽然在工作室的实践中取得了阶段性的成果，但后期的大范围辐射和推广，我们还有很长的路要走。一直喜欢钱梦龙老先生的一段话，对自己挚爱的事业，要以恋人般的痴情、信徒般的虔诚、革命志士般百折不挠的意志，一以贯之、无怨无悔地紧追不舍。前路虽然漫漫，但我相信，只要葆有一颗坚定的心，执着前行，我们就一定可以带领团队成为最好的自己，收获最美的风景！"

> 如果远方呼唤我
> 我就走向远方
> 如果大山召唤我
> 我就走向大山
> 双脚磨破
> 干脆再让夕阳涂抹小路
> 双手划烂
> 索性就让荆棘变成杜鹃
> 没有比脚更长的路
> 没有比人更高的山

文终之际，又想起汪国真的这首小诗。我们都在奔跑，我们都是追梦人，在"混合式研修模式"实践研究的道路上，在教师专业发展的道路上，在名师工作室引领、辐射、带动的道路上，李慧转老师已经启程。悦慧人生，志达天下，既然选择了远方，那就日夜奔行，风雨兼程，愿李老师和她的团队站得更稳，行得更远，步履铿锵，再续新篇！

（徐美展）

教研联动融合　精研细琢求索

在学生眼中，他是能带来希望的良师；在同事心中，他是能指点迷津的益友。他俯身躬行，执着地深爱着教育教学；他慎思笃行，完美打通教学与科研的壁垒；他锐意改革，创造性地提炼了卓有实效的教学策略；他示范引领，带出了一支思想素质高、专业能力强、具有可持续发展性、"干得好、用得上"的优秀青年教师队伍。他就是2016年中原名师、商丘市第一中学的宋歆老师。

一、重积淀，广开源，教研联动

宋歆老师是一个安静的学者，经常可以看到他静静地研读一些教研方面的书。你若和他攀谈起来，会发现他讲话头头是道，处处展现着深厚的科研积淀和教育智慧。

早在2015年之前，宋老师就参加过好几个科研课题，最早参加的课题是商丘师范学院申报的关于教学方法改革的科研课题。他带领着学校的几位骨干成员边研究边实践、边实践边摸索，最终共同完成了这个课题的研究。由此课题所归结的"数学文化及思想方法与初中数学有机融合"的授课模式，将数学文化融入课堂，提升了数学课的文化内涵，提高了学生对数学本源及应用数学的认识，在很大程度上改变了商丘一中数学学科的教学模式，促进了教学质量的提升。

后来，他又陆续参加商丘市教科所、河南省基础教育教学研究室"信息技术与初中数学课程整合的策略研究"等课题的立项和研究，不断尝试"数学文化融入课堂，注重学法指导，培养学生能力"的教改实验，追求"生命数学，知行合一"的教育境界，研究成果先后三次被评选为省级一等奖。

名师不是光靠培养就能成为名师的，更重要的是要在持续不断的学习研究中积淀提升，让专业自主发展成为一种自觉。回顾二十余年的教育生涯，宋歆老师始终以科研为源，以实践为流，以科学的研究态度、研究习惯、研究方法，及时捕捉自己在教学实践中闪现的思维火花，以课题为主线，全面开展课改实验，总结提炼为教育理论成果。成长之于宋老师来说，就是一条铺满荆棘与鲜花、艰辛与快乐、汗水与收获的教研联动、潜心研修之路。

二、思融合，细研磨，几多波折

2015年7月，浙江师范大学的中原名师培育工程集中研修，让宋老师清楚地明白了中原名师的价值定位和责任担当，明白了作为中原名师培养对象，除追求卓越、崇尚一流、注重自身创新精神与实践能力的发展外，还要不负河南省教育厅对名师工作室的殷切期望与重托，充分发挥辐射带动作用，力争成为区域引领型教师，带领更多的青年教师研究教学、参与群组活动，更快地成长、成熟起来。于是，一个基于学科背景之外的崭新课题研究方向在他的脑海中逐渐明晰起来。

从浙江师范大学培训归来的第一天，宋歆老师就踏上了课题研究之路。他精心遴选成员，组织成立课题组，深入师生之间进行前期调研，带着满心的期待和探索挑战带来的兴奋，展开了开题前忙碌的研讨和论证。在一个多月的时间里，他们阅读专业书籍，在网上查阅相关学术论文，围绕"工作室机制建设"和"引领成员教育科研"两个方面撰写了立项申请书，并信心满满地呈交了课题初评资料。

然而，一盆冷水当头泼来，把宋老师浇了个透心凉。面对着初审评定中"延缓开题"四个大字，宋老师的心情从云端跌落至谷底。为什么初审没有通过？为什么是延缓开题？失望情绪如阴霾一般笼罩在宋老师的心头……难道是出发点错了？还是有什么地方做得不够到位？定神沉思之后，宋老师再次梳理思绪，认真揣摩初审组专家杨光伟教授的话——

"课题能紧抓时代热点，具有一定的前瞻性和引领性。但是，课题也存在主题不鲜明的弱点。名师工作室各地都在做研究，大家也都很清楚名师工作室可以促进教师专业发展，你的立项材料中所提交的研究途径和方法太具有普遍性，工作室建设和教师专业发展并举，导致研究重点不够突出，如何研究才能具备创新视角和更大的应用价值，再思考思考……"

以后的日子里，在宋老师的带领下，整个课题组稳扎稳打地分析了国内外相关中小学名师工作室运行研究状况，探讨了研究的理论意义和实践意义，努力从不同的视角展开分析，在研究背景、研究内容、专业发展途径等方面寻找研究创新点，并围绕"中原名师工作室发展的困惑""工作室成员发展的困惑""一线教师发展的困惑"三个问题，在商丘市中学数学教师、名师工作室成员和中原名师工作群中，进行了两次有关专业发展的问卷调查……当遇到困难的时候，大家也有过各种各样的负面情绪和纠结，这时候，宋老师会及时召开课题研讨会，认真研讨，每次到最后都能将沉重的开始变成轻松愉快的分别。

百川汇聚，提炼萃取。通过第二次的扎实调研，他们发现，当下全国各地的名师工作室自身建设已经取得了一定的成果，有了较为成熟的、可供借鉴的运行机制和管理模式，而在"名师工作室有效促进教师专业发展的路径"这个方面仍有很大空白。此时，如同拨云见日，豁然开朗，大家一致决定，将研究重点转向"教师专业发展"的方向上来。

第二次书写课题立项申请书是一个周末。那两天时间，宋老师连书房门都没有出，埋身在书桌和电脑间，认真思考导师林一钢教授的指导与建议，将成熟的、已经在领域内得以推广的成果剔除，以"通过自身工作室在团队引领、活动方式和资源建设的研究，结合教师专业发展的主题，探索并建立一套属于河南省本土的、实用的名师工作室发展运行体系"为主要研究方向，以"为相同背景下的各级名师工作室提供实例和理论支持"为终极目标，提出了"如何基于名师工作室进行有效的教育教学经验分享""如何基于名师工作室进行优质课例的打造""如何基于名师工作室进行课程产品的开发和输出""如何基于名师工作室进行读书交流活动的有效落地"的研究框架。

每一个课题背后都有一段熬夜加班的艰辛故事。第二次上交的课题立项申请书近万字，每个字、每个词、每段话、每个观点都是宋老师几次斟酌之后才写出来的。功夫不负有心人。2016年9月，二次完善提交的立项申请得到了评审组的一致认可，顺利通过。

说起那段走过的岁月，宋歆老师直言："真是一个痛苦的过程，而也正是这样的痛，让我更能痛定思痛，精研细琢，扎根土地，努力生根。"正是那次"延缓开题"，让他更为深刻地认识了"做课题，调研要先行"的重要性，充分调研可以开拓研究者的思路，深化对问题的认识，启发深层次的思考，使所研究的课题站在更高的起点上，避免重复做别人已经解决的问题，避免重犯别人已经犯过的错误，少走弯路，提高研究效率。他说："申宣成博士把课题研究比成一场死去活来的恋爱，这次'延缓开题'让我真切地体会到，课题研究这场恋爱，要以结婚过日子为目的，研究内容要切合实际，方能更具研究价值和现实意义。"

开题答辩顺利通过……

中期评审顺利通过……

结题评审顺利通过……

一个研究周期下来，宋老师带领着团队多次请专家进行专题培训，数次组织全体课题组成员广泛搜集信息资源进行专题研讨、调研，不计其数地进行"如切如磋，如琢如磨"的修订，三次调整研究内容和方向。频频往返于课题研究与课堂教学和学校事务之中，宋老师付出了巨大的精力和代价，排除困难，攻克了一个个研究难点，当成功来临的时候，所有的付出都值得欣喜，所有的经历亦都是风景。

三、深合作，促成长，潜心求索

合作促成长，合作求发展，"合作"这个词，在宋歆名师工作室是一个极为重要的关键词，在课题研究中亦是如此。

宋歆名师工作室成立于2015年。成立之初，在参考了任光生、李伟两位老师的课题"名师工作室运行机制的探索"后，宋老师便为工作室确定了"1+2+7+n"的人员建构模式，即 1 名主持人，2 名高水平专家顾问，7 名事业心强且高素质的核心成员，每名核心成员再带动 n 名同伴。在此建构下，纵向实现了工作室的直线形管理，再辅以各成员的具体任务分工，横向实现了任务具体到人。这种以"合作"为主题，推动团队高效运行的矩阵型管理模式，在 2016 年 8 月的工作室全面验收中，受到了检查组的高度评价。

在课题研究过程中，虽然遴选的都是优秀的成员，但大家各自研究和发展的方向有所不同，有的偏重于解题，有的偏重于授课，有的偏重于文化，有的偏重于思想方法，有的偏重于信息技术……而且成长的过程也存在差异。为了更好地促进课题组成员的科研素养提升，研究伊始，宋老师便根据课题组成员特长，对他们进行了详细的分工和职责划分。他说："我们的教师，在很多时候都共同存在着问题意识不强，过度关注自己的优点，合作意识淡薄等问题，我的课题是为促进教师专业成长而研究，那就必须从最开始就引领大家在研究过程中逐步实现从'各自为政的单打独斗'到'合作共赢的团队协作'的转变。"

譬如：在工作室"公益微课程"开发过程中，宋老师负责课程内容的设计审核，李靖老师负责微课设计和录制方法的培训，丁克老师负责视频的后期剪辑制作，黄立艳老师负责微信公众号的课程推广，闫召建老师负责课程思维导图的设计制作，刘菲老师负责配套习题的开发……全员参与，分工协作，实现优势互补，提升了团队凝聚力和合作意识，又同时让整个团队经常以"团队"的形式出现，用"团队"的思维和方法去思考问题、解决问题、反思问题，在课例研究中共成长，既有隐性能力的提升，又有显性成果的产出。

今天，每每说起研究过程，宋老师总是淡淡地一笑："我也没做什么，只是给大家搭个台子，做个监测和指导，活儿都是大家干的……"话说得轻松平淡，但也许只有真正融入其中的人，才知道一种精神的引入，一种方式的革新，为他们带来了多少成长，又取得了多少收获。

四、勇担当，行者远，硕果满盈

在近两年的研究实践中，宋歆老师带领着他的团队，时刻谨记"引领互助，合作分享"的初心，在注重自身发展的同时，也把发展之路延伸到更多同人的脚下，促成更大范围的提升和发展，围绕"教师专业发展"，开展了如下途径的研究：

1. 课题引领，聚焦实效

为了聚焦实效，宋老师为工作室聘请了河南省基础教育教学研究室数学教研员鲍聪晓老师作为科研指导老师，并多方提供平台鼓励团队成员积极申报主持或参与省、市级科研课题。同时，他将工作室课题分成易于教学实践的子课题系列，引领团队成员根据自身优点各自确定研究项目，然后有目标地在教学实践的同时开展"小课题"研究。譬如：对于年轻教学新秀，宋老师就为他们量身定制了"推演授课实践与成效的思考"研究，让大家以学期为单位，课前注重进行备课、讨论和提前推演，课后注重进行评价、探讨和再次推演环节，然后在学期末回头反观实践成效，撰写心得或论文。切点小、易操作，既能很好地克服课题研究中的工研矛盾，又让大家悄然感受到科研的力量和成长的快乐。

真抓实干，稳扎稳打，当团队成员尝试以科研为工具，思考教育难题，把难题当成课题的时候，一批高质量的科研论文也就水到渠成了。这一研究过程既提升了教师自身的专业理论水平，也丰富了工作室的课题相关内容。

2. 书香为伴，智慧同行

著名教育家苏霍姆林斯基说："无限相信书籍的教育力量，是我的教育信念的真谛之一。"阅读能力是影响教师成长的重要因素之一。

在宋歆名师工作室，他引领成员们在阅读时要根据自己的实际情况由急到缓地选择图书、制订读书计划，读书时做好摘记，包括题录索引、内容摘要、个人心得等。同时，他要求大家阅读时不能迷信与盲从，而要以审辩式思维学习与吸收阅读的资料，做到基于事实、独立思考、包容异见、创新实践，注意信息的内化与系统化，建立自己独特的认知结构，形成自己的专业知识与教育理念。为了巩固读书的物化成果，全方位提升工作室成员的个人学养，工作室还定期举行了"读书分享"活动，要求团队成员坚持写读书笔记，每学期撰写高质量的读书报告3篇，用于分享交流。

截至目前，工作室内部已经举行了"书香飘飘""悦享书香""腹有诗书气自华"等多次读书分享活动。同时，还与其他名师工作室举办联谊分享会，并成功组织了商丘市名师工作室"书香为伴，智慧同行"大型读书分享活动。

3. 青蓝工程，课例打造

优秀课例的打造需要结合教师、学生和环境等因素，同时还存在很多需要克服的困难，比如：教学设计中课标精神落实方法选择的欠规范，数学文化和思想方法的短缺，课堂应变能力不足等。为了帮助大家形成正确的"课堂意识"，工作室开展了"青蓝工程"项目，通过"师傅展示课+徒弟汇报课"这样"同课异构"的形式，提升团队成员对课堂的设计驾驭能力和对课程的理解品鉴能力。

此外，宋老师还鼓励工作室成员积极参加各级各类的优质课大赛，借助工作室的团队合力，共同研磨参赛课程，实现精品课程的打造。譬如：在课题组成员刘菲老师准备省级优质课的过程中，有宋歆老师对课例内容的设计审核、课堂应变能力的预判和经验传授；有张卫东老师的多媒体技术指导和保障；有李靖老师对课例中数学文化和思想方法的挖掘和指导……一个课例打造就是一个团队共同成长的过程。通过此次活动，工作室努力打造刘菲老师成为优秀的课例设计专家、艺术的课堂驾驭者，也让其他成员在参与课例设计的过程中提升自己的学科知识和教学艺术，为下一个优秀课例的产生做好铺垫。

4. 课程开发，产品输出

教师专业成长的最终结果，要体现为教育产品的开发和输出。当下名师工作室的活动开展，大都集中在教育教学研究的常规工作，缺乏对工作室特色产品的开发和输出。基于此，宋歆老师指导大家重点从编写校本教材、撰写有关数学文化的稿件、开发系列微课程等方面落实产品的开发，填补工作室活动方式的空白。

（1）编写校本教材。结合教育教学实践经验，围绕"题根教学"，编写试行版的校本教材，帮助学生从根本上把握数学知识，培养"举一而能反三"的创造能力。

（2）撰写有关数学文化的稿件。利用节假日，组织工作室成员编写数学文化的相关稿件，提升老师们的数学文化意识，实现数学史料与数学应用的有效结合，增强课堂的趣味性和文化内涵。

（3）开发系列微课程。目前，由工作室成员李靖老师录制的《几何原本》系列公益微课程，已经更新到了160多节，后续的录制工作还在继续。同时，工作室的黄立艳老师也即将开始《九章算术》系列微课的录制。此微课和《几何原本》，正好一中一西，让大家在课程中体会东西方数学和文化的差异。此外，还有"中考压轴题""教材配套视频"的系列微课录制，集功能性和文化性于一体。

5. 送课教研，辐射引领

为了更好地实现引领辐射，也为了让团队成员更广泛地了解各种学情，拓展教育视野，实现教学相长，宋老师还带领着团队深入偏远乡村学校开展送课、教研等联谊活动。同时，工作室开通微信公众号和博客，由专人负责定期更新文章和教研动态，并围绕数学文化、数学课堂、复习策略、信息技术等主题，借助QQ群和无限宝两种平台开展网络教研。目前，宋歆工作室共进行了24期教研活动，期期有主题，次次有总结，对于授课者、听课者、管理者、研讨者来说，都是一次内化成长的过程。

经过一年有余的深钻细研，团队成员的理论水平、专业素养、学术能力和科研能力得到了大幅度的提升。由宋歆主编，黄立艳等成员搜集整理的《初中数学文化汇编》由光明日报出版社出版发行，课题组成员李靖也因出色的成绩受到《名师在线》杂志社的约稿，成为数学专栏的特约作者。据不完全统计，在课题研究的引领和宋歆老师的指导下，近两年，工作室成员有42篇学术论文获奖或发表到各类刊物上，14名成员获得各级优质课大赛一、二等奖。他们一致反映，当自己的理论水平和实践水平通过课题研究获得提升，回过来又服务于课堂的时候，明显感受到了一种从未有过的驾驭课堂的轻松感。原来，所有的耕耘都是前行在收获的道路上。

一个人能走多远，要看他与谁同行；一个人有多优秀，要看他由谁引领；一个人有多成功，要看他和谁相伴。教研联动育名师，潜心研修助成长，宋歆老师和他的"基于名师工作室初中数学教师专业发展途径的研究"课题，充分利用中原名师工作室的平台优势，采用专家引领、点面结合、成果驱动、工作室发展与课题研究齐头并进的方式开展研究工作，形成了一整套有关名师工作室发展以及在此基础上促进中学数学教师专业发展的理论和经验。课题的顺利结题并获奖，既展示出所有成员精诚团结、通力合作的团队精神，又充分体现了宋歆老师带领下的团队科学的研究视角、专业的研究能力以及严谨的研究作风，验证了河南省教育厅通过"名师引领、团队合作、全员提高、资源共享、均衡互补"实现创新型教师专业发展宏伟蓝图的科学性。

工作室核心成员、执行组长黄立艳老师在谈起工作室建设时，不无感慨地说："宋歆老师是一位特别有思想的导师，对教育有真切的领悟，在教育方法上有非凡的创造力，有坚定的信念与良好的心态，有很个性的著述。近年来工作室在教研联动、研训一体化方面所开展的一系列活动，青蓝工程、网络教研、读书活动、课题研究、送教下乡、宣传报道、资源建设……民主、开放与合作并存，注重个性发展，注重成果产出，可谓分工明确、思路清晰、落实有效，让每一个参与其中的人都有所收获……"

善教、会研、勤于实践、精于提炼，诚如宋歆老师在报告"教师专业发展三部曲"中所说：对于教师的专业发展来说，善教是发展之本，不要教教材，而要用教材教；会研是发展之源，首先要丰富教师日常教研的含"研"量，其次还要积极开展力所能及的课题研究，进一步提升教学实践的层次和品位；实践是思想的磨刀石；成果提炼是思考力的外显性表示，能推动"研"，提升"教"，促进我们把教学观点表达得更科学，让我们飞向纵深的专业发展……从"经师"到"能师"再到"人师"，在宋歆老师的引领指导下，在教研联动的实践参与中，整个团队成员不断地寻找并选择适合自身特点的教学技能，逐渐提高专业素养、升华教育境界，渐次练就了一身硬功。

行者恒远，出发是为了更好地归来。以全面发展为核心，做有温度的教育，打造有生命的课堂，相信在"教研联动"这条研究道路上，宋歆和他的名师团队一定可以走出别样的精彩，实现专业信念、专业知识、专业能力、专业态度和专业发展量的积累、质的飞跃！

（徐美展）

示范辐射引领　智慧成长共生

在影响教育公平的诸多因素中，教师是最为核心的。区域、学校间的教育发展最大的差距并不是学校的办学设施而是师资水平，因此，如何缩小师资水平差距，成为当前推进教育公平和教育均衡发展的最大挑战。万里挑一育名师，中原名师不仅是金灿灿的名誉和光环，更意味着沉甸甸的责任和担当。基于教师专业发展，做接地气儿的研究，引领团队前行，让自己的声音有效传递，打造区域教师发展高地，这是中原名师工作室示范、引领、辐射、带动的深远意义所在。

一、明道：道阻且长　行则必至

竹杖芒鞋，筚路蓝缕，记叙着探索者的艰辛；雁过留声，雪泥鸿爪，印证着实践者的足迹。从 2013 年中原名师培育工程启动以来，通过"名师引领、团队合作、全员提高、资源共享、均衡互补"等多元化教师专业发展战略，围绕创新型教师队伍建设，做了很多实践和探索，通过名师工作室助推教师专业成长的方向和分支亦渐次趋于明晰。

1. 示范辐射

示范即表率，而辐射是指将已获得的某种成果（或持有的某个先进理念）推广至某个领域的特定对象（或对其产生一定的积极影响）。名师工作室的示范辐射就是要将先进的教育理念和科研成果，通过工作室名师及其成员的自身示范活动向相关学科的教师推广。实践证明，送教下乡、结对帮扶、青蓝工程等主题研修活动，都不失为示范辐射的有效途径。

2. 专业引领

名师工作室可以邀请相关学科的知名专家通过专题讲座、座谈交流、学习指导、对话与互动等形式向工作室成员及相关学科教师传播先进的学科教育理念和学科前沿知识，此谓"专家型引领"。同时，亦可以站在学科发展的前沿高度，通过课例示范、磨课研课、观课议课、微课教研、论坛沙龙、平台直播等混合式同伴互助活动，引领教师职业技能的提升和可持续发展，此谓"技能型引领"。

3. 成长探索

名师工作室有着"教师专业发展共同体"之称，工作室的每位成员成长经历不同，教学经验积淀不同，有着各自独特的思维方式和个性魅力，是一个"非同质性"的群体。工作室可以通过区域联盟、学科联盟等举办晒课、赛课、读书交流、主题研讨等形式多样的活动，为教师提供有效沟通交流的机会和平台。在开展备课、讲课、课例研究等教育实践的同时，引领教师从浅层次的教育教学工作中解放出来，丰富教育理论学习，尝试用教育理论去研究教育现象，用教育现象去佐证教育理论，提炼归纳思想，丰富成长阅历，锤炼教学技能，提升专业素养，建立一种相互学习、取长补短、互惠互补的格局，最大化地实现本体的专业发展。

4. 教育科研

科学的成长观认为，一位优秀的教师，不是用力气教书，而是用智慧教学，不但要善于学习他人的先进经验，还要形成自己的教学模式，实现从"经验型教师"向"科研型教师"的转型。教育科研是用教育理论去研究教育现象和教育问题，探索新的未知的教育规律以及有效的教育途径和方法，以解决新问题、新情况的一种科学实践活动。名师工作室主持人可以根据课程改革和教育教学的实际，筛选源于教育教学实践中产生的、待解决的问题，建立问题库，引领团队成员进行小课题研究；再通过交流指导，深入推进，逐步发展进行立项课题研究，让教研与科研有机融合，从而提升教师的教育科研能力，并通过有效的推广将研究成果直接转化为教育发展的推动力。

二、知行：功崇惟志　业广惟勤

在成长历程中，中原名师不仅要"走自己的路"，而且要"让别人走得更好"。综观三位访谈名师，在推动教师专业可持续发展的研究过程中，我们可以看到一些共性的、成熟的、可操性强的方法和途径，现进行提炼萃取，仅供参考和商榷。

1. 关注主题聚焦

为不同的教师群体量身定制系统的研修项目，方能充分实现教师需求与研修内容的有机契合。张雅老师的"主题教研"，宋歆老师的"小课题研究"，李慧转老师的"课例研磨"，这些行之有效的研修项目，从选题到模式构建，均以基层教师的实际需求为切入点，针对教育教学实践过程中呈现出的热点、难点、争论点展开剖析，更加贴近基层教师的需求，有效地提升了研修的针对性、实效性和连贯性，在尽可能短的时间内帮助教师高效解决现有问题，实现个人专业成长的有效突破。

2. 关注课例示范

中原名师工作室是以首席名师姓名或专业特色命名的、吸引同一领域优秀教师参与组成的研究共同体。这支由学科名师、骨干教师组成的团队，是一支敢于实践、乐于创新、敏于捕捉、精于积累、勤于思考、善于总结的团队，他们在课堂教学中"传道有术、授业有方、解惑有法"，在教学技艺方面，比一般教师要表现出更高的水平。在"送教送培""师徒结对""青教培养"等研修项目中，我们经常可以看到课例示范的痕迹，李慧转老师的"和乐课堂"，指导每位成员进行内省性的课堂研究，在"跟着走，做中学"的过程中实现双向进步和成长；张雅老师的"名师课堂教学案例研究"，通过名师的示范讲评和对比观看自己的课堂教学实录，改进教学方法，养成教学风格；宋歆老师通过"师傅展示课＋徒弟汇报课"这样"同课异构"的形式，按照同课题、同年级、同水平学生的"三同原则"，由工作室名师和成员同上一节课，在相同的教学背景下，探寻最佳的教学思想运用、教材处理方法、教学设计思路、教学组织模式，提升团队成员对课堂的设计驾驭能力和对课程的理解品鉴能力。以课为例展开研究，通过示范、对比、内省和引领，可以在实践和理论的融合中，推动身在其中的每一个人实现学科素养的快速成长。

3. 关注课程开发

在对名师工作室成员实地调研和座谈的过程中，我们发现，有部分名师团队成员理论素养偏低，对一些基本的教育原理糊里糊涂，只知其然而不知其所以然。宋歆老师组织团队成员编写校本教材、撰写有关数学文化的稿件、开发系列微课程，促进工作室成员在产品输出的同时关注学科思想、教育理论的提升和融会贯通。

4. 关注交流研讨

水本无华，相荡而成涟漪；石本无火，相击而显灵光。搭建促进教师专业成长及名师自我提升的发展平台，构建教师专业发展共同体，通过交流研讨，在轻松热烈的氛围中引领教师"研起来"，实现团队的淬火成长、抱团发展，这是名师工作室引领教师专业成长的又一有效途径。在交流研讨活动中，团队成员可以提供形式多样的、有价值的课例，既可以是课堂展示，又可以是切片研究；可以做专题讲座、经验交流，也可以和名师同台竞技，和高校专家面对面、和教育名家面对面、和身边典范面对面、和一线名师面对面。通过多元化交流研讨活动的开展，完美实现从"听中学"到"做中学"的转变，加强区域联系，加大交流面，同时也通过弹性的团体讨论和真诚对话，带动参与教师去同步对话，反思问题，分享知识，发现共性，找到新的行动契机，逐渐形成团体智能和智囊团效应。

5. 关注网络研修

互动促进专业成长，激情演绎教育人生，网络研修可以有效实现教学资源共享，促进教师主动成长。在中原名师培育工程实施过程中，每位工作室主持人都为自己的工作室建立了专门的网站，开通了微信公众号，以文字、图片等形式，将工作室开展工作的情况以及有关资源进行呈现，实现信息的传递和资源共享。在网络平台，可以定期组织疑难问题研讨、课题研究、名师论坛等"主题研讨"活动，引领团队成员针对教育教学疑难问题碰撞思维，生成智慧；可以开展"晒课赛课""教学资源评比""读书分享"等活动，引导团队成员和一线教师积极参与，共同成长。同时，也可以借助QQ群、无限宝和CCtalk等交流平台，组织团队成员及一线教师参与开展网络备课或专题教研活动，如：研讨某课时备课或单元备课设想，以及需要解决的重点、难点和疑难问题等，通过现代信息化的成长新途径助推教师专业发展。

6. 关注课题研究

从事教育科研是教师提高自身专业素养、改进教育教学实践的重要途径。长期以来，由于受传统教研方式的影响，不少教师凭经验教书，习惯于"教"的角色，尚未能进入"研"的状态。在名师助推教师专业成长的研究过程中，大家始终把科研意识及能力的培养作为一项重要工作来抓，提出"专题即课题"的理念，指导每位团队成员从教学实践入手，在教育教学行动中发现、筛选出有价值的实际问题作为论题研究，聚焦教育问题，洞察教师需求，人人以做课题的心态来打磨、研磨自己的学科教学，借助专题研究，培养教师的科研意识，促进对自身教学实践的反思研究，激发成员协作攻关的能力。

三、回溯：征程乍起　满目葱茏

在教师专业成长的推动和引领过程中，工作室主持人倾注了大量的时间和精力，带领着自己的团队投入到指导、帮助一线教师的工作中，其认真细致的工作作风和严谨的治学态度给老师们起到了良好的示范作用，他们在为人与为学方面的言传身教，使团队及一线教师的师德风范得以培育、专业素质得以发展、创新能力得以提升。他们将"线上与线下""送出去与请进来""'套餐'与'自助餐'"等研训模式有机结合，有效帮助教师快速掌握教学理论，提高课堂实践能力，对课程观、学生观有一个更全面、更深层次的理解，开始有意识地用教育理论指导教育实践，减少了盲目性、随意性。

同时，在参与中发现不足、反思成长，工作室主持人在实现自身价值和享受职业尊严的同时，渐渐把专业成长作为事业的共同追求，更为敬业、精业，通过上示范课、公开课、开专题讲座、送教支教等多元方式，将新的教育理念、新的信息、新的教学模式传递给同行，为大家带去一场场接地气、讲实效、受欢迎的讲座，于内务实研究，对外辐射引领，示范作用日益扩大，实现了教师团队专业成长的双赢局面。

在"基于教师研究 提升名师引领能力"的访谈和撰写过程中，我们深深地体会到：中原名师是一面旗帜。当教师在专业成长中找不到奋斗目标，不知走向何处时；当教师在专业成长中遇到困难、遭受挫折，急需力量支持时；当教师在专业成长学习、研究中缺少方法，茫茫然找不到方向时……中原名师作为引领者和带动者，可以有效地辐射引领、指点迷津，带领大家实现一次又一次加速状态的专业成长，完成一次又一次"山重水复疑无路，柳暗花明又一村"的可能。

风劲帆满海天阔，俯指波涛更从容。在教师专业成长的道路上，有中原名师工作室作指路明灯，愿越来越多的教师绽放出自己的职业精彩，达到理想的彼岸！

（徐美展）

第六章 基于课题研究 提升名师科研能力

教育科研是名师成长的必由之路，是把思考和实践融合在一起的有效载体。教育科研可以促进名师理性思考，可以提升名师的科研素养，可以使名师得到跨越式的成长。"以研究促成长"，是中原名师培育工程的一大特点。作为中小学教师，做研究要以课题为载体，因为课题研究是教育实践理性提升的重要手段。在中原名师五项考核内容中，课题考核是最重要的一项，也是比较有难度的一项。每一位中原名师在参加培育时都要做课题，都要过"课题考核关"。那么，中原名师是如何做课题的，又是如何突破困惑，解决问题的？让我们走近几位中原名师，听一听他们做课题的故事，看一看他们研究路上的苦与乐，感受他们在研究中的拔节与成长，以期得到启发，汲取能量，使自己更好地成长。

专注计算研究　创建"好玩"课堂

林清玄说："花开是一种有情，是一种内在生命的完成。做好一朵花，就努力绽放；做好一个人，就茁壮成长。"自参加中原名师培育工程以来，郝秀丽老师一直专注于"计算教学研究"，在实践中研究，在研究中实践，依托中原名师培育工程的课题研究，一步步扎实前行，拔节成长。

一、"柳枝发芽"

在中原名师培育工程中，郝老师研究的课题是"小学生计算错误原因分析及矫正策略的研究"。当问及为什么选这样一个课题时，郝老师说："选课题真不容易，那种滋味真是一种煎熬。说到底，还是自己占有的资源太有限，内涵还不够丰富，所以思路受限。因为在第一次集训时，专家曾经告诉我们，我们是中原名师培育对象，所做课题应该高大上一些，可以引领中原更多教师发展。所以，我一直想着怎么选高大上的题目，结果，选来选去也没找到自己满意的课题。"郝老师的"遭遇"，我们同样也遇到过，选一个好课题真的不容易。郝老师说："我一直对计算教学感兴趣，但又觉得切入口太小。不过经过一段时间的思考后，我决定还是选自己熟悉的内容、选自己能做的、感兴趣的课题去做，这样才更利于上手和深入思考。"

在论证课题时，郝老师又遇到了困惑，"对于计算错误类型的诊断、研究内容的确定等方面想不明白"，怎么破解难题呢？她一方面查阅相关的文献资料，进行学习、分析、比较；另一方面向专家请教，她把课题申请书发给了导师杨光伟博士。杨老师作了精准的指点，并给她和课题组成员提出建议：要加强理论学习，提升分析问题的能力，尤其是数据分析的能力。

在立项答辩时，评委专家也给她提出了中肯的建议，建议她把课题的研究范围缩小，把原来"小学六个年级的错误原因收集与分析"更改为以低年级为主，主要围绕小学低段学生运算能力的培养进行研究。

立项通过后，课题进入实质性研究。郝老师说，他们在研究的过程中遇到的最大问题是如何将实践经验上升到理论层面，也就是不会总结提炼成果。研究中，他们课题组收集到学生很多计算错误，要对错误进行数据统计，但是在进行原因分析时，不知道从哪些方面进行分析。总结出来的错误原因只有简单的一两句话，缺少自己的看法和对研究概念清晰的界定。为了破解研究中遇到的"原因分析不明"难题，郝老师带领课题组一方面通过查阅相关的研究文献，拓宽研究思路；另一方面向学科专家请教，启迪自己的思维。与此同时，她们又申请立项了一个市级的子课题"小学生低年级运算能力培养策略"来研究，这样不但有利于促进提高低年级学生计算品质与能力，也让研究更扎实有效了。

郝老师说，最初做课题，流于形式，所做课题价值不大。2015 年起，在参加了中原名师培育工程后，便开始更加注重理论学习，在研中思，在思中研，科研能力才逐步提升，研究意识也渐渐增强。做课题，只有脚踏实地、扎扎实实去开展研究，做真研究，才能出真成果。她说："教师的专业成长有三个层次：第一，加强教学能力，让学生受益；第二，加强教研能力，让同事受益；第三，提炼教学主张，让同行受益。课题研究是教师成为名师的有效途径，是教师凝练教学主张的关键。"

中原名师培育工程采用的是第三方评估考核的办法。2016 年 8 月初，第三方浙江师范大学组织专家要对 2016 年培育对象进行实地考核认定。郝老师一直忙于准备，在电脑上进行大量写作。过度的劳累，使她在验收的前一个月眼睛突然什么也看不见了。住院期间，她依然指导课题组成员进行研究。整整一个月眼疾才好，出院后她就又立即投入工作中。在验收中，浙江专家高度评价："郝老师工作室的条件是最不好的，但她的研究工作却非常扎实,她是一名优秀的名师。"

二、"枝繁叶茂"

本着对计算教学的热爱、对课题研究的用心,郝老师所申报的中原名师培育课题研究取得了丰硕成果。她创新设计的"双色计算棋"大大激发了学生的计算兴趣。在数学课堂上,她引入了"神奇计算""数学黑洞""1089""24点"等有趣的内容,使中低年级的学生切实感受到了"数学计算不再枯燥,数学计算好玩",极大地调动了学生学习的积极性。学生爱上计算、爱上郝老师的计算课,每次考试她所教的班级成绩都名列前茅。

著名数学家陈省身曾经说过"数学好玩",因为爱玩是孩子的天性,游戏本身就是激发学生学习兴趣的有效手段,所以在计算教学中,郝老师大胆提出了"计算好玩"的教学理念,结合实际设计与教学相符合的学生游戏,开发设计出了"双色计算棋":

10 以内加法表格

+	1	2	3	4	5				
1				A					
2			B						
3		C							
4	D								
5									
得数	2	3	4	5	6	7	8	9	10

游戏规则：

在得数行上方空格中下一个棋子，看对应的横格、竖格各是数字几，然后把这两个数相加算出得数，再根据相加的得数在下方得数格中相应的位置下一个棋子。如，对弈双方为红方和黄方，红方执红棋，黄方执黄棋。红方在格子 A 处下一个红棋，它横着看是 1，竖着看是 4，相加得 5，就在下方的得数格 5 中下一个红棋。黄方可以随便在上方空格中下棋，然后在相应的得数格中下一个黄棋。黄棋的位置可以选择得数相加不是 5 的得数格，也可以选择得数相加是 5 的得数格。如果选得数是 5 的得数格，就可以把对方下在得数是 5 的得数格中的红棋吃掉，换成自己的黄棋。最后，得数行上方空格下满后，得数格中棋子多的一方获胜。

到二年级学生学完 20 以内进位加和退位减以及 2~6 的乘法口诀时，老师可以把上表进行扩展和修改，游戏规则不变。

为了完成课题研究目标，更为了切实提高学生的运算能力，郝老师带领课题组成员除了上好计算新授课，也注重计算练习课的设计与探索。怎样才能上好一节计算练习课呢？她们的定位是——乐学、善思。课题组成员通过学习、实践、反思、再实践，摸索出了"计算好玩"练习课的形式。一是好玩有趣，能调动学生积极参与。郝老师课题组通过设置闯关游戏，及时给学生以肯定和鼓励。由于这些活动是由教师真正站在学生的角度来设计的，所以往往能吸引学生投入其中。学生在活动中能够充分激发和释放潜能，敢于发表自己的独特想法，并且能够体验到成就感，乐此不疲地享受数学学习带来的快乐。二是能够真正促进学生思维的发展和提升。南京大学郑毓信教授说："数学学习的一个主要价值就是有利于人们思维方式的改进，并能使人们逐步学会更清晰、更合理、更深入地思考问题。"为此，他进一步说明："从数学教学或数学教育过程来看，应更加强调通过教学帮助学生学会思维。"因此可见，思维是数学能力之"核"，思维也是数学能力之"魂"。基于以上思考，郝老师把计算练习课的重点确定为：在综合练习的基础上发展学生的思维。

为了让课题研究扎实、有效，她要求课题组成员每学期至少打造一节"计算好玩"课。在 2018 年 3 月商丘师范学院的送国培下县活动中，她自己还主动承担了一节示范课"计算好玩——乘法口诀综合练习"，并做了"计算教学的新理念——运算能力的培养"专题讲座,受到一线教师的高度好评。

实践是教师的发现之旅,也是教师的成长之旅。多年的一线教学实践使郝秀丽老师认识到,让每一个孩子都对数学产生兴趣,让他们感受到数学的价值和学习数学的乐趣,这对于数学教师来说,既是挑战,也是责任。为此,郝老师不断探寻数学教学的方法,不断研究数学与数学教育的规律,把课堂上的数学内容与学生的生活进行整合,找到生活与知识的契合点,并以它为切入点来进行教学。如:学习了"百分数的意义",她指导学生分别统计学校低、中、高年级学生的近视率,并分析原因,给出对策,写出调查报告;学习完"小数的认识",她指导学生创作"生活中的小数"为主题的数学手抄报。她首创"以情为纽带、以趣为突破口、以思为核心"的数学课堂教学形式,让课堂上下变得情理相融、情智共生。她用创造性的劳动构建了智慧课堂。

三、"柳树成荫"

名师之"名",不仅仅是擅长于守着一方狭小的讲台教书做学问,而是在发展自己的同时,引领更多的教师成长。2015年7月,根据中原名师培育相关文件的要求,在各级领导的指导和支持下,驻马店实验小学组建了郝秀丽名师工作室。个人不断成长的同时,郝秀丽老师引领工作室成员,秉持"走在前沿、做在实处、行在路上"的理念,围绕着四个"一"——"研究一个科研课题、带出一批名优教师、引领一群年轻教师、产生一定社会影响"的总体目标,锲而不舍地深入实践,扎扎实实地开展工作。

为了让工作室成员的学习和交流得到延续,更为了成员们的教科研能力得到持续发展,依托网络优势,采用教研引领,优化学员资源,她创建"郝好老师交流群"用于开展教研学习、课题研讨、专业技能提升等,现已发展不同省份、不同地市的群员200多名。郝秀丽名师工作室在教研实践中利用现代化信息技术进一步将网络教研这一模式与工作室的制度相融合,逐步完善起来,形成科学化、制度化、前沿化的教研模式,并逐步推广出去。正如工作室的一位青年教师在学习日记中写道:"这种实用的线上交流更有利于我们这些青年教师的专业成长。""从实践中来,到实践中去"是交流群教研坚持的原则。郝老师说:"非常喜欢这样的研讨活动和方式——'知无不言、言无不尽'。每一位教师都能用心去听、去评,发现他人的长处和不足,并结合自身的实践取人之长,补己之短,又能将自己良好的建议提供给他人,促使双方共同进步成长。"

桃李不言,下自成蹊。多年来,郝秀丽老师一直虔诚而执着地站在数学教学的一线,怀着对教育的挚爱,在教育改革的路上潜心地探索着、成长着。正是她的勤奋好学、务实求新、挑战自我、追求完美,才为学生创造了科学有趣的数学教育,同时,也为自己迎来了收获的金秋。

自参加中原名师培育工程以来,郝秀丽老师一直承担着学校和本区域的课程改革重任。她经过充分的思考,结合自己的实践,提出了"四疑"课堂教学模式,多次承担学校的课改观摩课和示范课,她执教的"24时计时法""厘米的认识"获河南省观摩课一等奖,受到一线教师高度好评。培育期间,她用心积累,积极探索,在此基础上对驻马店市数学教师做了"读懂教材""读懂学生""生动有效数学课堂的追寻与思考"等专题讲座,让一线教师认识并了解为什么要读懂教材、读懂学生;如何读懂教材、读懂学生;什么是有效、生动的数学课堂,如何为学生创设生动、有效的数学课堂。这些示范课和专题讲座,对教师们产生了积极的影响。她不断实践探索,不断学习反思,不断开辟数学教学的新天地,为区域内课程改革的顺利开展作出了突出贡献。

"研"是教师专业发展之源。随着中原名师培育工程不断推进,郝老师对课题研究的态度从项目开始的"畏难情绪"到慢慢接受、再到轻松驾驭,这一转变的过程是她成长的过程。参加中原名师培育的四年时间,她撰写了近50万字的教学反思,应郑州师范学院、商丘师范学院、安阳师范学院等院校,以及阜阳等地邀请,为参加国培的教师做过近百场的专题报告,"爱自己就栽培自己""有效备课的探索与思考"等浅显易懂、趣味并生的专题讲座,被一线教师评为既接地气又幽默风趣的教师教育专家。

中原名师培育之路,也是她潜心研究教学之路。成果总是青睐不懈的奋进者,她取得了突出的业务成绩。她主持的中原名师课题"小学生计算错误原因分析及矫正策略的研究"顺利结题，所撰写的相关论文《让计算法则更好地服务于计算教学》发表在《小学教学设计》杂志，《有效问题设计促学生思维提升》发表在《河南教育》杂志，《巧用思考题培养学生核心素养》发表在《小学教学（数学版）》。另外她们课题组还出版了两本成果集。

郝老师的成长还体现在她的教学质量不断提高。研教一体，实践是研究基础，研究促进了实践能力的提升。访谈中，郝老师说："我在课堂实践中研究，在研究中实践，使教学质量不断提高。我一个班学生满分是其他十个班的总和。这得益于我一直致力于打造'计算好玩'的课堂，使学生喜欢上了数学，喜欢上了思考，这才是主要的目的，我将继续研究下去。""知之者不如好之者，好之者不如乐之者"，郝老师研究出了计算好玩、玩好计算的策略。她以"情"为纽带，激发学生学习的动机；以"趣"为纽带，让学生积极、主动、愉快学习；以"思"为核心，教会学生思考，发展学生的思维能力。

郝老师的成长还体现在形成了自己的教学主张。凝练教育思想，形成自己的教学主张，这也是中原名师培育的目标。提炼教学主张不是为了外在包装，而是为了提升教育教学的内涵，凝聚教育教学的精神，提升教育教学的品质，提契教师生命的成长及专业发展的自觉。郝老师说："参加中原名师培育工程，不仅使我学会了做课题，提高了科研素养，更主要的是让我学会了思考。"随着对计算教学研究的深入，郝老师形成了"幽默、风趣"的教学风格，提出了"润泽教育"的教学主张。郝老师立志做学生喜爱的老师，创建学生喜欢的课堂，让学生享受数学学习和成长的快乐，而在成就学生的同时，郝老师也在快速成长。

"要挖井，专掘一口。"郝老师的成长告诉我们：做研究就要专注一个方面，以课题为载体进行研究，一辈子做一个"课题"，做一个自己感兴趣的课题，做一个真正属于自己的课题，深入研究、持续研究，最终会形成自己的观点，成为一个思想者，成长也就水到渠成。

（张伟宾）

研究学习变革　不断超越自我

作为中原名师团队中为数不多的"书记名师",梁宗京老师感慨地说:"参加中原名师培育工程,使我对'超越'一词有了深刻的认识。在一次次自我超越中,我实现了跨越成长。"梁老师在平凡、琐碎的工作中默默耕耘,且行且思,潜心修炼,逐渐成为省级名师、中原名师,一步步向心目中"卓越教师"的目标不断靠近,这一切得益于一个个成长的平台,中原名师培育工程就是其中之一。

访谈时,梁老师动情地说:"忘不了培训过程中别开生面的无领导人小组活动的热烈气氛;忘不了课题答辩时专家们严肃认真的态度和严谨治学的精神;忘不了名师工作室建设的艰难起步与不懈探索;忘不了名师工作室活动中与同伴进行热烈讨论的日日夜夜;忘不了教师发展学校建设中的激情投入;更忘不了课题研究中的苦与乐……一路走来,课题研究,感悟良多、受益匪浅、收获满满。"

一、选题的苦恼与突破

在中原名师培育工程中,梁老师做的课题是"现代信息技术环境下初中数学问题解决教学的实践与研究",属于现代信息技术与初中数学课程整合方面的课题,主要包括现代信息技术环境下的课程开发、教学方式和学习方式变革的相关内容。

2015年7月以前，也就是参加中原名师培育工程之前，梁老师曾主持过两个省级课题、三个市级课题，这些课题都是关于现代信息技术与课程整合的内容。两项省级课题均属于河南省教育科学规划课题，其中一项申报成果获二等奖；市级课题为市教育科学规划课题，均获一等奖。由此可以看出，梁老师对现代信息技术与课程融合的内容较有研究，有一定的做课题的经验，也具备一定的科研能力。然而，他在中原名师培育工程研究课题的选题中并不是很顺利。

梁老师说："在选题初期，我感到最困难的是如何把握题目的'大与小''真与假''实与空'等关系问题。""大与小"的困惑在于对课题整体把握难以取舍，太大做不了，太小没有代表性；"真与假"的纠结在于课题是不是一个值得研究的项目，其意义和价值还不太明确；"实与空"的问题在于所选课题能否切合工作实际，能否在实践中进行研究实施。

如何解决困惑？思则有备，有备无患。在充分思考之后，梁老师最终对课题作如下定位：在对"大与小""真与假""实与空"这几方面考量的基础之上，做自己有能力做的课题，选与实践关系紧密的、亟待解决的问题，最好是选自己有优势的或在以前做过的基础上深入做下去。鉴于此，梁老师和课题组成员经过反复商讨、推敲后，定下了"现代信息技术环境下初中数学问题解决教学的实践与研究"这一课题。

访谈中，当我们问梁老师为什么要选择研究"电子书包"的使用时，梁老师说："伴随现代信息技术的迅猛发展，借助'电子书包'和互联网为主要工具的教学，已成为信息技术与学科教学深度融合的典型方式。这种方式既能有效实现'在线学习'和'移动学习'，使'混合学习'和'泛在学习'成为可能；又能极大地调动学生学习的积极性和主动性，使学生真正成为学习的主人。这种方式使得'翻转课堂'成为可能，从根本上改变了传统单一的教学模式，能极大促进学生学习方式的变革，必将成为'互联网+'教育背景下中小学教学改革和发展的趋势，也将逐渐成为未来中小学校教学的常态。"

不得不说，梁老师和他的课题组成员站得高，看得远。2011年版《义务教育数学课程标准》明确提出要培养学生的"问题解决"能力，从"双能"

（分析问题、解决问题能力）走向"四能"（发现问题、提出问题和分析问题、解决问题能力），不断提升学生实践能力和创新意识。从传统"双能"走向"四能"的关键是注重提升学生的问题意识，形成学生发现和提出问题的习惯和自觉，进而培养学生反思和质疑的习惯，提高批判性思维能力。为此，梁老师在论证课题时，设计以"问题导学"的形式，利用以"电子书包"为代表的现代信息技术把课程标准的理念和要求落实到教学中来。在研究过程中，梁老师和课题组成员着重借助网络平台，通过微课程的开发和应用，借鉴"翻转课堂"经验，探索初中数学从提升学生问题意识入手，提高学生问题解决能力的方法。

良好的开端等于成功的一半。选题是课题研究非常关键的一步，选好课题，论证好课题就等于课题研究成功了一半。但选题不是容易的事，许多做课题研究的老师都会遭遇和梁老师一样的选题"苦恼"。

选题主要是解决研究什么的问题。巴甫洛夫曾说过："问号是开启任何一门科学的钥匙。"作为一线教师，我们在选题时就要考虑教学实践中遇到了什么问题，哪些问题具有研究的价值。研究的目的就是解决这个问题，所以我们选择的课题必须与教育教学实践紧密结合，研究解决的是"真问题"，这样的课题研究才有价值。正因为如此，梁老师在选题时考虑更多的是如何选择有价值的课题。梁老师选题的过程给我们的启示是：选题要大小适中，选自己熟悉的、能驾驭的课题，这样研究才更具有针对性、可行性。

二、研究的困惑与破解

梁老师在访谈时说："课题组成员最初阶段还比较有信心，积极性也比较高。"因为他们从研究文献中发现，他们的选题具有一定的先进性，是当下理论和实践都亟待解决的，而且他们的视角和切入点也是比较符合实际的，别人没有做过，他们有能力、有条件做。另外，梁老师所在学校已经在做"电子书包"项目和相关的研究，课题组成员都承担有研究任务，都在实践中研究，有一定研究基础。在选定题目后，他们课题组就进入了实质性的研究。

1. 查阅文献，明确研究方向

在研究过程中梁老师带领课题组成员查阅了大量资料，及时了解相关的研究动态。他们主要在中国知网用关键词搜索相关文献，共搜集了大约两百种主要文献，另外还参阅了这些文献引用的相关经典文献。这些文献的查阅对于他们确定研究的重点，找准研究方向起了决定性作用。更主要的是通过文献阅读，他们对课题的相关研究状况有了整体了解和全面认识，增强了进一步做好课题的信心。

2. 遭遇"困惑"，研究受阻

梁老师说："本以为在论证的过程中，已经把课题涉及的每一个问题都想清楚了，但真正进入研究阶段，我们还是遇到了一些困惑。"

困惑一：研究的目的和方向不明确。他们的课题是关于信息技术和初中数学问题解决的相关内容。他们最初的想法是希望通过"电子书包"这个项目的实施，改善课堂教学结构和模式，探索教与学方式的变革。同时"初中数学学生问题解决能力"也是课堂教学的重点和难点，一直以来缺乏有效提高的手段和方法。因此，他们希望通过本课题的研究在两者之间建立一种有效的关系。但这种关系到底如何建立？

困惑二：研究内容太笼统。随着课题实施，他们发现论证时设计的研究内容过于笼统，在具体实施过程中缺乏抓手。曾经有一个阶段，课题组陷入迷茫："我们究竟要做什么？我们能做什么？我们最终能呈现什么？"

困惑三：不知如何量化研究结果。如何将研究结果量化，即怎样用数据分析来衡量和说明他们研究的有效性和价值？出现这样的研究困惑，一方面是因为课题组成员教育实验测量的能力有限，没能很好地对此进行深入分析和研究；另一方面也说明这个问题很复杂，牵涉面太广，涉及变量太多，以课题组成员的现有科研能力，很难圆满解决。

3. 深入思考，破解困惑

如何破解上面的困惑？

（1）向专家请教。研究中遇到困惑，梁老师虚心求教。他向身边的专家请教，向浙江师范大学导师黄晓博士请教。每一次课题答辩、课题专题讲座，他都会带上一支录音笔，把专家的指导意见、报告内容录下来，回去后反复听，直到领会为止。他说："在立项和开题答辩包括中期答辩的过程中，课题指导老师和答辩专家对我们课题组的意见和建议非常重要。专家的意见和建议让我们更加明确自己课题研究的实质，更好地厘清研究思路并找到突破研究难点的有效方法。"

（2）重新定位课题。当研究陷入迷茫时，梁老师带领课题组成员反复研讨，通过不断追问和讨论修正研究方向，明确研究重点。他们课题研究的重点就是利用"电子书包"实现学习方式的转变，在"问题导学"的思想下，提升学生解决数学问题的能力。在经历了课题的重新定位后，课题组成员也重拾了信心。

（3）进行实证研究。课题组最初的实践过程就是利用"电子书包"上数学课，观察其作用和价值，努力体现在教学模式和学习方式上的转变，取得经验。在这个过程中，梁老师和课题组成员实际上是在摸索一些有关"电子书包"模式的上课经验，协调软件和硬件关系，探索整合教学资源的有效途径和方法。他们重点针对初中数学课堂教学有关问题进行研究，特别是如何利用"问题串"引领课堂，激发学生思维，促进学生学习，落实学科素养。

课题组一直在做一些验证工作，验证应用"电子书包"进行"翻转课堂"的可行性，验证关于数学"问题导学"的效果……这些实践经验使他们自己的课题研究有了很好的铺垫。但是，仅有这些是远远不够的，这也不是他们课题研究的初衷，所以他们结合数学学习，利用"电子书包"对学生进行"问题意识"的进一步培养研究，重点对有关数学问题的结构、意义、价值进行研究，然后用"电子书包"进行验证，最后确定合理应用的条件和经验。总结在课堂内外应用的一般方法和模式，这种模式就是"电子书包"和"问题导学"的结合。

三、研究的结果与成效

2016年是梁老师难忘的一年、收获的一年。在中原名师考核中，他取得了考核总分第一名的成绩，并在当年的中原名师表彰与座谈会上作了典型发言。他所主持的中原名师培育课题"现代信息技术环境下初中数学问题解决教学的实践与研究"顺利结题，并取得丰硕的成果。

第一，通过利用"电子书包"进行问题导学，进一步厘清现代信息技术环境下师生在教学中的地位和关系，形成现代信息技术环境下，依托通信设施和工具，以及系统和资源平台的支持，形成初中数学"问题导学"的一般流程。

第二，利用"电子书包"实现学生学习方式的根本性转变。在参与活动过程中，学生探究式、创造性的学习取代了以往的接受式学习，经历了发现问题、提出问题、分析问题、解决问题的过程，独立思考能力、合作交流意识、问题解决能力得到了提高，实践操作能力得到了锻炼，学习的积极性和主动性被充分调动，创新意识和创新能力得到了发展。

第三，利用"电子书包"进行问题导学，有效地促进了教师专业成长。从关注学生学习的需求到思考教学方式的转变，从对教学内容的反思到查资料多方求证，这一系列的思考和操作很好地促进了参与教师教育认识水平的提升、专业技能的发展、知识结构的优化、合作意识的增强和教学方式的转变，成为教师专业成长的重要推动力。同时，在开展课题实验过程中课题组的成员能发现问题，深层次地分析问题，尝试解决问题，不断反思并优化解决问题的方式方法，他们的问题意识和解决问题的能力也得到了提高。

第四，利用"电子书包"改变学生的学习方式。信息技术和电子产品的强大功能激发了学生的学习兴趣，提高了课堂教学的效率，真正实现了利用现代信息技术为学生的学习和生活服务。

第五，形成自己的教学主张。采访时，梁老师说，在中原名师培育期间，通过研究课题，他最大的收获是形成了自己的教学主张：走向智慧是数学教学的核心。教师的教学主张是建立在丰富的实践基础上，是教师教学经验的概括和升华，也是教师教学特色和教学风格的集中体现。

中原名师的发展目标是要打造"豫派实践型教育家"，这种高端定位决定了中原名师必然是全省中小学教师的杰出代表，而且集中体现了河南教师的整体水平。这是一种光荣的称号，更是一份沉甸甸的责任。作为中原名师群体，丰富的教学经验、深厚的理论学养和对教育的深刻理解与准确把握，往往体现在其鲜明的教学主张中。这种教学主张经过实践的检验具有先进性和代表性，是中原名师个性化教学思想和教学实践的集中体现，具有理论的高度和实践的典型性，具有一定的影响力，对于其他教师具有很强的引领示范和带动作用。

四、研究的启示与思考

梁老师说:"在浙江师范大学的集中培训,中原名师和中原名师培育对象领略了来自国内一流专家的风采。专家的报告和指导给我们以醍醐灌顶的教诲、茅塞顿开的感悟,使我们得以站在高处看教育,扎根实践做教改。以浙江师范大学作为培训基地也使我们能时时氤氲于大学浓郁的学术氛围,有机会深刻感受优秀的江浙文化和先进的教育理念,近距离与浙派名师进行交流。耳濡目染之间,多了一种思路、多了一分思考、多了一分感悟。"

1. 关于选题

尽量要小些,具体一些,否则做不好或做不下去;选题要有先进性、典型性,能够代表教育发展或学科教学的方向,这样才有价值和意义;选题要根据自己的能力和特点,保证力所能及,发挥自身优势。

2. 关于文献研究

课题研究前要准备充分,查阅相关研究资料,借鉴前人的研究成果,找准切入点,以便对自己研究的课题整体把握,使自己的课题陈述充满信心。

3. 关于课题组成员

态度比能力更重要,课题组成员应该是志同道合的同伴。主持人前期要肩负对课题的解读和宣传职责,要让每个组员深刻领会课题的重点。在研究实施过程中,要分工协作,各有重点。

4. 课题研究是教师成长的必经之路

课题研究首先需要研究的动机和热情,这需要老师具有问题意识和改进工作的强烈愿望,这是一个教师成长不可或缺和弥足珍贵的特质。

总之,课题研究是学习和提升的过程,需要学习和归纳总结已有的理论和经验。课题研究,特别是中小学教师的研究,往往是校本行动研究,这会不断促进和提升教师教育教学的能力和水平。系统的课题研究可以使教师点滴的经验和感悟得以及时有效地总结,从而使教师从经验的积累走向智慧的提升。

(张伟宾)

潜心课题研究　成就卓越梦想

"我成长最快的阶段就是参加中原名师培育工程这几年。"每次在和教师们交流时，李付晓老师总是有感而发。她说："每年两次中原名师培育集训，每次都满怀期待，每次都收获满满。一群有情怀、有目标，坚持不懈，努力前行的人相聚，是件非常美好的事情。"的确如此，因为中原名师培育工程，李老师和其他中原名师有了美好的遇见，遇见了优秀的"同行者"，遇见了"专家"，遇见了"成长加速度"。

已经走过五年中原名师培育之路，李老师一路汗水，一路收获。从农村教师到中原名师，一次次成长，一次次蜕变。她说，中原名师培育工程项目是"助推器"，课题研究是"催化剂"，在不间断的课题研究中，她收获着成长。

在河南省教育厅下发的教师〔2015〕774号文件中，明确了中原名师考核的五项内容：一是个人发展目标考核，二是理论研修考核，三是实践研修考核，四是教师发展学校和名师工作室考核，五是教育科研考核。在五项考核内容中，教育科研考核无疑是最难的一项。中原名师培育工程每年两次集训，每一次集训都安排有课题考核答辩，以此引领中原名师和中原名师培育对象在学习中研究，在活动中研究，在实践中研究。"提高研究力，物化研究成果"是中原名师培育的主旋律。2018年秋季集训，安排了两个课题研究考核答辩项目：一是2017年认定的中原名师进行中期的研究考核答辩；二是中原名师培育工程专项课题开题答辩。李老师参加了中原名师培育工程专项课题开题考核答辩。

2015年中原名师培育工程启动以来,中原名师培育工程项目办公室和培育基地浙江师范大学共组织七次集训,李老师六次参加考核答辩,其中五次是关于课题考核的答辩——立项、开题(两次)、中期答辩(两次)。一次答辩,一次历练,在一次次的课题考核答辩中,李老师关于课题研究的理念在变化,认识在加深,感悟在升级。

回望自己的课题研究之路,李老师把它分为"三个时期""三种境界"。

一、茫然期——选题容易,结题简单

"昨夜西风凋碧树,独上高楼,望尽天涯路。"这是李老师在茫然期的研究境界。

访谈时,李老师告诉我们,她的课题研究茫然期是1998年—2005年。在这个时期,她觉得选题不是太难,之所以觉得"容易",是因为申报的课题往往是"假想的问题",是"拍脑袋"想出的问题,但是这样的课题要么题目过大,要么与教学实际联系不紧密。

20多年前的1998年,她开始做第一个课题,课题的名字是"小学生作业完成情况调查研究"。这个题目是怎么来的,她说已经记不清楚了,可能是发现有学生完不成作业,就想出了这样的题目。当时对课题研究知之甚少,可以说没什么感觉。研究课题定好、填写完申请书后就完全忘了有课题需要研究。到了结题的时候,把平时写的文章、复印的与课题相关的资料、撰写的结题报告,全部放在一起装订起来上交。就这样,迷迷糊糊地做了几个课题。但对课题到底怎么做却一点儿也不清楚。在这样的茫然期,觉得选题容易,结题简单,那是因为选的题是没有经过深思熟虑的,材料是拼装的,这样的研究是"假研究",是没有实际价值的。

但在这个阶段做课题并不是没有一点收获,也在一定程度上开阔了自己的眼界,积累了一些经验。因为做课题,需要查阅大量的资料,查阅资料的过程也是学习提升的过程。

二、明朗期——选题不易，过程艰辛

"衣带渐宽终不悔，为伊消得人憔悴。"这是李老师明朗期的研究境界。

苏霍姆林斯基说过："凡是感到自己是一个研究者的教师，则有可能变成教育工作的能手。"2006年起，李老师的研究进入明朗期，也就是开始了"真研究"。由于对研究课题慢慢地产生了兴趣，李老师弄清了课题研究的流程，将科研工作与教育教学工作紧密结合，在工作中研究，在研究中工作，把工作中遇到的问题提炼成课题。

1. 选题

选题不易，选一个好题更不易。2015年5月，李老师被确定为中原名师培育对象。在此之前，她已主持或参与了13项课题研究，感觉自己对课题研究是有经验的，但参加中原名师培育工程后，她感到了自己的诸多不足，产生了很多困惑。

第一次在金华培训时，几位专家一再强调：你们是中原名师培育对象，你们所做的课题不要太小，要有引领作用。如何选一个有引领作用的课题题目呢？这成了她的心结，使她真正体会到了选题的不易。炎热的8月，她把自己关在书房里，认真梳理自己对教育教学的思考，然后把想要研究的课题一一列举出来，仔细推敲，同时请教科所的几位专家指点迷津。就这样，在专家一次次的指导下，在不断的否定、肯定之后，经过一番思考，研究的课题才终于"诞生"。她把题目定为"小学数学自主学习目标体系建构研究"。之所以选择这样的课题，是因为从2012年开始，李老师就和团队的教师们一起进行细化教学目标的研究，自主学习又是课标中所倡导的学生学习的一种重要方式，这个课题既立足于教学实际，又有一定的研究基础，同时又符合"新"的特点，所以是有价值的。

只有经历，才知其中味；只有经历，才有真感受。经历了中原名师培育工程的选题后，李老师认识到：如果觉得选题困难，那是因为问题意识不强、阅读积累不够、思考不够深入、教学思想缺乏。选题的来源是十分丰富的，可以是对热点问题的思考，可以是教育教学实践中遇到的问题，可以是教育理论中提炼出来的问题，也可以是上级教科研部门下发的课题，还可以是自己非常感兴趣的某一方面。要想选一个好题，需要对实践中遇到的问题进行深入思考。

2. 论证

选好课题，就要填写立项申请书，进行课题论证。课题论证做得好就等于课题研究成功了一半，但论证立项的过程是艰辛的。论证课题需要先查阅文献资料。浙江师范大学教育学院林一钢教授在报告中曾提醒名师们，查阅文献资料尽量要达到"饱和状态"。河南省基础教育教学研究室申宣成博士提醒大家查阅资料还需查"牛人"的"牛著作"。为了查阅到翔实的文献资料，李老师多次到南阳师范学院图书馆查阅文献，一查就是一天。她把在中国知网搜索到的相关研究资料全部下载打印出来，装订成厚厚的两本，觉得达到了"饱和"才罢手。在获得了大量的文献资料后，李老师开始认真阅读，细心梳理，根据自己的研究方向准备论证课题。

河南省教育厅下发的教师〔2015〕774号文件中明确规定："课题立项申请要规范填写立项申请书，要具有严谨的课题论证，具有充分的课题研究条件和保障；课题研究必须要建立在扎实的文献阅读与整理的基础之上，立项申请时要撰写不少于2万字的与课题相关的文献综述。"李老师笑着说："当时的确感觉困难。虽然之前大大小小的课题做了不少，但是要写2万字的文献综述却是第一次遇见。"如何写出符合要求、高质量的文献综述？思考、"煎熬"了好多天，在查阅了大量文献写作的案例之后，终于摸索着按照"述而评之"的写作方法，写出了2万多字的文献综述。

精心是态度，精细是过程，精品是目标。文献综述初稿出来后，开始精心"打磨"，自己修改，也请同事提修改建议，就这样一遍又一遍地修改，直到自己满意为止。

立项申请书李老师是分两步完成的：首先是弄清楚、想明白每一项填什么，然后再思考怎么填写。经过一周的废寝忘食和一丝不苟，李老师终于把课题论证出来了。拿着论证好的申请书，她的心中曾闪过一丝快意，但随即又产生了疑惑：研究的理论价值是什么？实践价值又是什么？论证得是否清楚？带着疑惑她向南阳师范学院教育科学学院的丁新胜院长请教。丁院长看完她的立项书之后，提出几条修改建议：一是文献综述的"述多""评多"，建议进行压缩；二是研究的内容尽量具体、明确一些。根据丁院长的指导意见，她作了修改。与此同时，她向书本请教，从网上买来了李冲锋博士的科研专著《教师如何做课题》。她细细研读这本书，在书中查阅申请书上每一项要填的内容，边读边思边悟，然后逐字逐句修改。就这样，反复修改了10多遍，大约15000字的立项申请书终于完成。

"一分耕耘一分收获，有付出就有回报。"这次课题论证的经历使她终于弄清楚文献综述该如何写，立项申请书该如何填写更规范，并对如何论证课题有了自己的思考。在近几年的外出培训中，李老师多次把自己研究课题时的思考所得分享给参与培训的教师们，使他们得到启发，避免在做课题时走弯路。

3. 答辩

答辩时专家评委会提什么样的问题？对课题是否想得通透？何不模拟一次呢？带着这样的想法，李老师做好课件，向南阳市教育科学研究所景国成所长请教。他们一起探讨了可能问到的问题："为什么要研究这个课题？您的研究与以前的研究有什么不同？如何确保您构建的自主学习目标体系合理科学？您研究的方法是什么？……"模拟答辩后，景所长笑着说："问题想得很透，看来真没少下功夫，课件也做得很清晰，会顺利通过的。"景所长的鼓励给她增添了几分信心。

2016年3月25日，李老师和20多位中原名师培育对象齐聚金华，参加立项考核答辩。然而此时，她的身体却出了状况。在去金华的前几天，她得了重感冒，各种治疗方法都用尽了，还是没有好。到了金华，又发起了高烧，但她还是打起精神做准备。采访时，李老师笑着说："其实我非常感谢这样的经历，这是一笔宝贵的精神财富。它让我明白成长是咬牙坚持、再坚持。"在酒店住下后，她把申请书发给了导师杨光伟博士，请导师指导。杨博士一再强调研究的内容是最重要的，要想明白、写具体。研究内容清楚了，研究方向就明确了。在杨老师的指导下，她再一次对课题进行修改，直到彻底明白为止。

自信来自准备充分、心中有数。10分钟的开题论证陈述非常顺利。在答辩环节，首先提问的是黄晓博士，黄博士提了一串问题："您查阅的文献资料中怎么没有数学自主学习方面的文献？自主学习目标如何定？怎样检测目标？"接着考核组组长陈秉初教授提了关于教育研究方法的问题：

"你这个课题研究主要想采用什么方法？行动研究的对象是谁？从几个维度设计问卷？你的研究从几年级开始？"由于李老师准备充分，对每位评委的问题回答都比较顺利。最后，陈教授说："如果你这个课题持续研究下去，我相信效果会很好的，教学质量会大大提升的。"陈教授的肯定让李老师研究的信心倍增，在归途的火车上，她就根据评委的指导建议对申请书进行了修改。

李老师说："在课题答辩时，评委的严肃、专业使我对'学术'一词有了新认识。"准备答辩的过程是一次成长的过程。此次立项答辩考核给了她诸多的启示：课题研究，一定要想明白为什么要研究、研究的目的是什么、研究什么、怎么研究、研究的结果是什么。只有把每一个问题想清楚了，才能研究出成效。

4. 开题

2016年10月13日，李老师在浙江师范大学进行秋期集训。在这次集训中，她又进行了开题的考核答辩。此次的评议专家是来自杭州市江干区教育科学研究院的易良斌院长、浙江师范大学教师教育学院的杨光伟博士、河南省基础教育教学研究室的杨惠茹老师。按照河南省基础教育教学研究项目的开题报告相关要求，李老师认真撰写了开题报告，并且根据开题报告写出了汇报稿。三位评议专家的精准指点，使李老师更加明确了研究的方向，厘清了研究的思路，对于如何突破难点也有了明确的认识。

5. 中期答辩

开题后，就开始进入真正的研究环节。在访谈中我们了解到，立项后李老师就和课题组成员一起扎实地开展研究。首先加强理论研修，为了了解更多关于教学目标方面的理论知识，立项后，她和课题组成员继续搜集与课题相关的文献资料，进行研究学习，并及时关注了解相关的研究动态，研读2011年版《义务教育数学课程标准》《带着目的教与学》《布卢姆教育目标分类学》等图书，为课题的顺利实施和深入研究奠定基础。同时，她们着力进行研究，按照内容逐一在课堂实践中研究，做研究的实践者、实践的研究者，享受研究带来成长的幸福。为了确保研究方向的正确、研究有成效，在研究的过程中，她们及时向聘请的3位课题研究指导专家请教，并且通过召开线上的视频讨论会和线下的见面促进会进行认真研究，始终让课题研究与教学紧密结合，与教研同步。同时，增强资料的积累意识，及时记录、反思，积累资料、整理资料、上传资料，将各种研究活动资料都尽量整理完备。

在2017年春季中原名师第四次集训中，安排了课题研究中期考核答辩。中期考核能够对课题研究加以督促，能够对研究中存在的问题作出诊断，能够对后续研究予以指导，能够促进课题研究者进行反思，能够使课题研究者有一种紧迫感，防止懈怠，防止课题研究方向不对。中期考核是提高研究者科研水平的过程，是保障课题研究质量的手段。

在接到集训通知后，李老师就开始准备中期答辩，按照要求要写出中期研究报告。李老师说："原来也写过中期研究报告，但这一次我迟迟不敢动笔，因为我知道原来写的中期研究报告并不规范。"到底规范的中期研究报告怎么写呢？她决定继续阅读课题研究专著，在书中找答案。李冲锋博士的《教师如何做课题》让她对中期报告的写作有了完整的认识。原来中期研究报告的内容主要包括：研究进展、阶段性成果、存在的问题、下一步研究计划、预期成果等。明白了怎么写，她就开始整理研究资料、梳理撰写思路。梳理思路的过程是比较艰难的，思考、思考、再思考，斟酌、斟酌、再斟酌。无论是在出差的火车上，还是在外出讲课的间隙，她都在思考如何撰写中期研究报告。初稿写好后，一遍又一遍地修改，就连在去余姚答辩的飞机上，她还拿出中期研究报告进行修改。功夫不负有心人，充分的准备、"通透"的思考，使她的中期考核答辩达到非常好的效果，得到了评委的一致好评。

三、常态期——定准目标，内容清晰

"众里寻他千百度，蓦然回首，那人却在灯火阑珊处。"这是李老师常态期的研究境界。

不间断的课题研究以及中原名师培育工程的促进，使她研究的意识逐渐增强，也使她能以研究的眼光看待问题，并以研究的状态工作。在李老师的眼里，课题研究已经不是困难。

2018年5月11日，中原名师培育工程项目办公室又出了一个专门通告,"2018—2019年组织实施中原名师培育工程专项研究计划,并把研究成果直接转化为图书出版"。通告中的课题指南上有以下几个课题可供选择:中原名师工作室机制创新与运行模式研究、中原名师培育工程引领下的名师成长、科研导向下的名师成长、做一名有教学主张的名师、中原名师优秀课例研究、中原名师工作室案例研究。李老师选择了"科研导向下的名师成长"这一方向。因为教育科研是一名教师由普通走向优秀、由优秀走向卓越的必经之路,科研就是名师成长的密码。为了论证好课题,连续8天,除了吃饭,李老师没出过书房。访谈时,她笑着说:"我是'躲进书房成一统,管他春夏与秋冬',查资料、理思路、深思考,时而昏昏然,时而昭昭然,但最终欣欣然,终于完成了论证。"论证课题的过程是艰辛的,也是美丽的。这次课题论证让李老师有了不一样的感受。她说:"如果有人问我,课题研究最艰辛的环节是什么,我的答案不是写结题报告,而是课题设计论证环节。如果课题设计论证环节定了,后面就可以依案而行。"

在这次论证中,李老师遇到的困惑是:研究的内容到底怎么确定?研究内容清晰,研究的方向就会很明确,但她觉得自己定的研究内容不利于研究。在苦苦思索仍不得其解时,她把立项申请书发给了她的导师杨光伟博士。杨博士建议她把原来的5项研究内容删改为3项,减少研究内容,以利于集中精力研究主要内容。关于核心概念的界定问题,她又向新疆乌鲁木齐的孙涛教授、河南省基础教育教学研究室的申宣成博士请教。在导师、专家的指导下,她对研究什么、怎么研究有了更清晰的认识。

通过这次课题论证,李老师对课题研究的认识又进了一步,由原来觉得选题容易写研究报告难,到选题不易确定研究目标难,再到确定研究内容难,这一研究感受的变化,是对课题研究的认识越来越多、越来越深入的缘故。李老师认识到制订研究内容是课题论证的关键,研究内容不仅要具体、明确,内容之间层层递进,相互关联,而且要与研究目标相对应。

有付出就有收获。多天的废寝忘食,多天的挥汗如雨,终于论证了一个自己比较满意的课题,并在立项答辩中顺利通过。李老师说之所以满意是因为这个课题自己想明白了,感觉是"清晰的",自己不再是模模糊糊做课题了,而是清清楚楚在做课题。在课题研究中,李老师还总结出了自己的"课题研究六步曲",体验到研究之趣,研究渗透到了工作中,渗透到了生活中。

因为"研",所以"思",研究、反思、顿悟,在不间断的努力中,李老师从农村教师到城市教师,从一般教师到中原名师,从特级教师到中原教学名师,快速成长。自 2015 年中原名师培育工程启动以来,她主持的省级课题有 4 项,3 项已结题,其中 2 项获优秀,1 项获省级成果一等奖。到目前为止,参与主持的省、市级课题获奖的有 15 项。她撰写的多篇论文在中文核心期刊上发表。与此同时,她带领工作室成员进行课型研究,以课题为载体进行课堂教学研究,使成员的课堂教学水平在提高、写作水平也在提高。其中,6 位成员成长为省级名师和省骨干教师,5 位成员分别被两所高校聘请为特聘教授或导师,真正发挥了示范引领、辐射带动作用,促进了区域内教师的专业发展。

研究,不仅仅能够提升科研能力,发展科研素养,也能够促进名师对教育教学深度的思考,促使中原名师形成自己的教学特色、提炼自己的教学主张,逐渐成为有思想的行者。

访谈尾声,李老师由衷地说:"课题研究引领我们成长,提升我们的研究能力,让我们智慧地成长。我们要把课题研究常态化,在生活中、工作中贯彻研究态度、研究方法。让课题研究伴我们一路成长!"

(张伟宾)

循着亮光前行　提升科研素养

前面几位名师只是"中原名师百人团队"的代表,他们的课题研究故事引发我们的思考感悟,他们的"研究史"就是他们的"成长史"。从他们身上,我们看到了中原名师群体努力前行的身影;从他们身上,我们读到了名师特有的品质;从他们身上,我们感受到了研究的魅力。他们是一群循着亮光的前行者,他们也是自带光芒的引领者,是研究促进了他们的成长,从他们身上我们不难发现名师共有的研究特质。

一、做课题要有"沉潜之心"

做课题是一种学术修炼,修炼需要静心,需要"沉潜"的境界,唯有如此,才能出真成果。别人的节假日,往往是中原名师研究的"黄金日",他们利用整块的休息时间做研究。在访谈时,一位中原名师曾笑着说:"别人在享受惬意生活的时候,我们在读、在研、在思、在写……每天忙忙碌碌,有干不完的活,做不完的工作,但我们也很享受这份忙碌,辛苦并幸福着。"

侯继军,中原名师中唯一的体育名师。在导师吴惠强的指导下,选择了一个与教学实际紧密结合的课题。他带着课题组成员"泡"在工作室,查阅相关的课题研究资料,阅读大量相关的书籍,系统深入地进行文本分析,并统计、分析数据,梳理研究结论。那段时间,他废寝忘食,记不清有多少次与课题组成员一起从上午 8 点多一直研讨到晚上 11 点多。

张雅老师两万字的文献综述查重率竟然只有 2%，这是她无数个不眠之夜努力的结果。因为白天要上课，她只能晚上加班写开题报告，查资料、理思路、分析数据，常常忙碌到深夜。有一次，因修改立项通知书而进入深思中的她，不知不觉忙到了凌晨 3 点，第二天嘴上起了两个大大的泡。李付晓老师为了论证好课题，更是把自己关在书房一个星期，她说："在这种安定的状态中，人的思考才会深入，才会产生更多的灵感。"

为了使研究方向明确，研究成效明显，宋歆老师在炎炎夏日三赴浙江师范大学找导师，请导师指导，然后和工作室成员一遍又一遍地进行研讨推敲，直到满意为止。在思路不清，方向不明时，他寝不安，食无味，甚至吃饭时拿着筷子都不知往嘴里送。正是因为如此投入，宋老师的课题顺利结题，取得了丰硕成果，获得了一致好评。申宣成博士曾在《怎样开展课题研究》的讲座中说："做研究就是你和问题的一场死去活来的恋爱。""课题不是写出来的，而是做出来的。"申博士诙谐、幽默的话语道出了做课题研究的真谛。做真正的研究需要用心、沉心、潜心。我们身边的很多名师都是在用心研究，进入到"沉潜"的境界，深入其中，做有价值的研究，研究扎实规范，富有成效。

二、做课题要有"学习之心"

访谈时，侯继军老师说："做课题是我的短板，但我知难而上，虚心学习。我和课题组成员一起研读大量与课题相关的资料和图书，这不仅解决了研究中的疑难问题，而且激发了我们阅读的兴趣。"正是因为在学习中研究，在研究中学习，侯老师成长迅速，科研水平快速提升，先后被河南师范大学体育学院、河南科技学院体育学院聘为研究生、本科生双导师，并多次受邀给在校大学生做专题讲座。

在中原名师培育中，孔冬青老师被选拔为教育部"国培计划"中小学名师领航工程培养对象。她说："课题研究让我养成了学习的习惯。在研究课题的过程中，我发现自己的理论水平很低，需要补充太多的知识。于是，我常常翻阅资料，学会了向书本学习。我从书中学到了太多我们想要的也是急需的知识，更加感受到了学习的重要性。"

学习、学习、再学习就是中原名师群体的常态。他们向书本学习、通过网络学习、请教专家、向同行中的佼佼者学习。他们博观而约取，厚积而薄发，坚韧而执着。他们把每一次学习都当作一次难得的提升机会，认真学习、积极思考。

在做中原名师培育工程的课题时，每一位中原名师都需写两万字的文献综述。这让很多老师感到困难。我们课题组在调查中发现一部分老师在参加培育前，查阅、分析文献资料的能力并不高。有名师坦言，在参加中原名师培育之前，很少去查阅大量文献资料并进行分析研究。查阅文献资料的过程也是一种学习。梁宗京老师说："为了做好培育课题，写好两万字的文献综述，我详细阅读了《如何做好文献综述》等理论专著，我是一边大量阅读理论著作，一边在中国知网、维普、万方等上面检索自己需要的文献。仅从中国知网上检索、查阅的期刊文献就多达2001篇。"

学习是劳动，是充满思想的劳动。愈是学习，愈觉得自己贫乏。"我还差得太远""时间不够用"，这是很多名师常说的话。中原名师群体个个如饥似渴地学习，问题弄不明白，决不罢休。学习使他们丰富了内涵，积淀了底蕴，为课题的研究奠定了良好的基础。

三、做课题要"专注一面"

当下，课题研究日益普及，一线的中小学教师很多都做课题，但能专注一方面进行深入研究的并不多。个别老师进行的课题研究层次比较浅，成果也停留在工作总结层面，没有对实践进行理论建构，更没有形成深刻的思想。但中原名师这个群体，他们做课题是为了解决教育教学问题，是为了促进自己的专业成长，他们都能专注一面，深入研究。

专注一面，意味着做课题需要有"十年磨一剑"的执着精神，而不是"一年磨十剑"的速成。中原名师郝秀丽老师多年专注于"计算教学研究"，取得了丰硕的研究成果，创新设计的"双色计算棋"激发了学生学习的兴趣，受到了一线教师的高度好评。刘娟娟老师醉心习作研究20年，其习作专著让许多老师受教、学生受益。司德平老师多年来一直致力于"高中物理必修教材中的学科思想方法研究"，取得了累累硕果，研究成果荣获河南省教育科学研究优秀成果一等奖，并且有 6 篇研究论文分别在《物理教学》《物理之友》等核心期刊上发表。

侯继军老师说："虽然我 50 岁了，但老骥伏枥，我会把'培养高中生自主健身素养方法和途径研究'作为我终身的课题，我和课题组成员会继续研究，以取得更大的成效，形成更有价值的成果，并积极推广。"

要想使课题研究有成效，形成自己的思想体系，最好做到专注研究一方面，进行持续研究。几年、十几年，甚至几十年都只研究一个课题，一个自己能做、自己感兴趣、属于自己的有价值的课题，形成自己的观点，物化研究成果。

四、做课题要物化研究成果

"宝剑锋从磨砺出，梅花香自苦寒来。"中原名师，这个优秀群体是在"为成长而研究"。在研究中，他们快速成长，丰富了自己的内涵，形成了自己的教学风格，提炼了自己的教学主张，凝练了自己的教学思想，构建了自己的思想体系，有了物化的研究成果。

访谈中，我们发现中原名师的课题研究成效显著，有形成果和无形成果都非常多。无形成果有课题组成员科研能力提升、科研素养提高、教学实践能力增强，更多的是他们不仅对所研究领域有了自己独特的见解，而且形成了自己的科研观。聂智老师认为："课题研究是教师成长为名师的'催化剂'，是从名师走向实践型教育家的必由之路。"司德平老师认为："教而不研则浅，研而不教则浮。问题即课题，教学即研究，成长即成果。"宋君老师认为："研究是理性的审视，做有品质的研究，形成自我的教育理论体系。"李付晓老师认为："教育科研是名师成长的必由之路，是把思考和实践融合在一起的有效载体。要怀着一颗敬畏之心做研究，做真研究，出真成果。只有真研究才能促进教育实践理性提升；只有真研究才能促进教师专业成长。"

无形成果只是一部分，更多的是有形成果。除研究报告、论文、研究成果集外，很多名师出版了自己的研究专著：李阿慧老师的《教育智慧点亮幼儿生活》、徐艳霞老师的《孩子，你自己来》、张素红老师的《为理解而教》、刘娟娟老师的《教你发现语言密码》、宋君老师的《新课程小学数学教学实践研究》、董文华老师的《滋养生命的数学》等等。

"课题研究是教师成长的'催化剂',认真进行课题研究你就乘上了成长的'复兴号'。"聂智老师如是说。是的,在课题研究中,名师们快速成长,他们觉得每一个不曾起舞的日子都是对生命的辜负,他们相互影响、共同成长,用优秀影响优秀,用成长影响成长。中原名师群体越走越远,很多站到了教师专业发展的塔尖上。他们在自己成长的同时,发挥辐射带动作用,引领更多的青年教师一起成长,努力奔跑,在他们身后留下的是一串串坚实的脚印……

(张伟宾)

后记

2018年5月，中原名师培育工程项目办公室组织实施了中原名师培育工程专项研究计划，并给出课题指南，鼓励中原名师组建课题组进行专项研究，同时要求把研究成果直接转化为图书出版。通过慎重的思考、讨论，我们课题组选择了"科研导向下的名师成长"进行研究。撰写课题研究计划、设计调查问卷、对中原名师及中原名师培育对象进行深度访谈……随着研究的不断深入，我们对中原名师有了更加全面的了解，每次翻看访谈记录，都会被这个优秀团队中的每一个人所感动。在依托课题研究成长的过程中，他们也曾彷徨，但最终都能不离不弃，攻坚克难，不断前行。他们孜孜不倦、严谨治学；他们潜心研究、实践创新；他们思考教育、笔耕不辍。这些令我们感动、钦佩、敬仰……

名师之名，贵在名副其实。中原名师是河南省教师队伍攀升体系金字塔形工程的"塔尖"教师，更是全省中小学教师的杰出代表，他们身上寄托了来自方方面面的殷切期望。"要把中原名师培养成一支豫派实践型教育家群体，培养成河南基础教育的领军人物，构建以中原名师为引领的中小学教师梯队"，"要形成流派，形成风格，让中原名师真正起到示范引领作用，真正成为河南省基础教育改革的主力军，能够勇立潮头唱大风，力促通过中原名师的带动为河南基础教育插上腾飞的翅膀"，这是河南省教育厅对中原名师培育工程的目标要求，是对中原名师的殷切期望，每一位中原名师都记于心，落于行。

"聚是一团火，散是满天星。"每一位中原名师在个人成长的同时，都带动着更多的教师成长，带动着区域教师的发展，从而惠及更多的孩子。他们每一个人都是发光体，影响着一批又一批的教师，培养了一批又一批的学生；他们又是循着亮光前行的，把提升自己当作生命的必需，把培养优秀教师视为己任。晚上十二点多，在中原名师交流群里仍然可以看到有中原名师在学习、写作、研究；凌晨三四点钟，亦有人在奋笔疾书。他们执着而坚定地前行着……

中原名师的称号是肯定，是鼓励，更是鞭策和希望。中原名师就是责任，就是担当，中原名师永远在路上。研究是他们成长的密码，他们在学习中研究，在实践中研究，在活动中研究。他们在研究中促进深入的思考，在研究中形成自己的教学风格，提炼自己的教学主张，形成了物化的成果，很多都有自己的教学及研究专著。

"独行快，众行远。"勤奋、自律、执着、学习、思考、研究……这些是中原名师群体共有的特质。他们相互影响，彼此成就，"以研究促成长，以课题促发展"，在研究课题中一起快速成长。通过课题研究，每一位中原名师的理论水平在提升，写作能力在提高，实践能力在增强。为了让更多的人了解中原名师是如何做课题，如何化解在做课题中遇到的困惑，也为了总结中原名师培育工程的成果，为名师培育工程决策提供参考，为名师的成长提供借鉴，我们撰写了《名师成长的密码》一书，此书是"科研导向下的名师成长研究"课题的成果。

在写作的过程中，我们得到了很多帮助和支持。感谢河南省教育厅中原名师培育工程项目办公室丁武营主任的鼓励、引领、鞭策；感谢河南省教育厅中原名师培育工程项目办公室谢蕾蕾老师提供中原名师研究课题的相关资料；感谢浙江师范大学导师杨光伟教授的教诲与帮助；感谢浙江师范大学林一钢教授，河南省基础教育教学研究室杨伟东主任，南阳师范学院教育科学学院丁新胜院长、董建春副院长，南阳市教育科学研究所张滋扬所长、李大峰副所长的指导；感谢宋君、陈静、周雁翎、李道玲、刘坚、司德平、聂智、孔冬青、董文华、刘娟娟、张素红、李明、李阿慧、侯继军、张雅、李慧转、宋歆、郝秀丽、梁宗京十九位中原名师代表接受我们课题组的深度访谈，为本书的顺利写作奠定了基础。同时，李冲锋博士的著作《教师如何做课题》也使我们受益良多，在此一并表示感谢。

  由于课题组成员水平和研究资料所限，书中难免存在疏漏和不当之处，敬请广大教育工作者、有关专家，以及其他学习者能提出宝贵意见，给予批评指正。

李付晓

2020年3月